日本の食文化 4
魚と肉

藤井弘章 編

吉川弘文館

刊行にあたって

「日本人は何をどのように食べてきたのか」について、日本の食文化を特徴づける古くからの食材や食料をもとに、民俗学や歴史学などの研究成果から解説することで、「食」をめぐる歴史・民俗を知っていただくのが本シリーズのねらいである。

二〇一三年、「和食」がユネスコの無形文化遺産代表一覧表に記載され、国内外で和食への関心が高まったことは記憶に新しい。日本の食が「和食」と総称され、文化的位置づけがなされた一方で、「食」の現在的な状況は、国連世界食糧計画（WFP）・国連食糧農業機関（FAO）の報告に拠れば、慢性的な栄養不足による飢餓状態の人が、二〇一七年は世界で八億二一〇〇万人にのぼり、三年連続で前年を上回って増加傾向にある。その原因は紛争と異常気象による農業生産量の下落にあるという。一方、日本では廃棄された食品が二〇一五年度には約六四六万トンにのぼり、世界では生産された食料の三分の一が捨てられているという（『朝日新聞』二〇一八年九月一四日、二二日記事より）。「いのち」をつなぐ「食」の世界的な現状は、飢餓と飽食の二極化が進み、危機的な不均衡が存在している。

本シリーズでは、この問題を直接的に扱ってはいないが、「食」をめぐる日本の現状としては、一九九〇年代以降、家族のあり様や生活の個人化を背景に、家族がいても一人で食事をする「個食」(一九九〇年代からの動向)、「孤食」(二〇〇〇年前後からの表記)、一部調理された食材を買い、それに手を加えて食事をする「中食」や惣菜の購入、さらに飲食店での「外食」などの増加が指摘されている。つまり、食の「外部化」の進行が現代の日本社会の特徴として指摘できる。しかし他方では、「地産・地消」あるいは食材を自ら生産して食べる「自産・自消」を基軸にしたスロー・フードも広まっていて、食事のあり様には、早さと手軽さを求める一方で、安心な食材にこだわるという志向が強くなっている。人間にとって「食べること」は「いのち」をつなぐだけでなく、つとに指摘されているように人としての社会性を形づくることでもある。歴史と民俗から日本の「食」の現在を知るということは、日本社会の現在を考えることにもつながるといえよう。

食文化の捉え方、叙述の視点はいく通りもあるが、本シリーズでは、第1巻を「食事と作法」とし、「食」に関するさまざまな作法や価値観、食具・調理法といった「食」のわざ(技)をまとめた。そして、第2巻以降は、「米と餅」、「麦・雑穀と芋」、「魚と肉」、「酒と調味料、保存食」、「菓子と果物」というように、それぞれの食物の歴史と食事の慣習と調理法などについて解説する。第1巻を食文化の総説とし、第2巻以降が各論編ということができる。各巻の内容から、日本人は何を食べ物としそれをどのように食べてきたのか、そして、これらにはどのような歴史的変遷があり、地域的な差異や特色があるのかを読み取って頂きたい。

本シリーズを起点、あるいは基点として「食」に関するさまざまな課題へと思索をめぐらせて頂けたら幸いである。

二〇一八年一〇月

小川直之
関沢まゆみ
藤井弘章
石垣悟

目　次

総論　魚食の展開と肉食の拡大

藤井弘章

日本列島の魚食と肉食　日本の食文化のなかで、列島全域への魚食文化の浸透は、大きな特徴といえる。現在の日本では、魚食といえば、海産の魚を用いたすしや刺身などが想起されることが多い。海産の魚がこのように列島全域にいきわたったのは交通網や冷蔵・冷凍技術が発達した一九六〇年代以降のことであったが、それ以前から魚食文化は内陸部にまで広がっていたのである。海の魚は塩蔵《えんぞう》や干物などにして内陸まで流通しており、川・湖・池などで捕れた淡水魚を食べる文化も発達していた。さらに、魚のような感覚で食べられてきたクジラやイルカなど、海洋生物の肉も内陸部にまで広がっていた。このように、日本の魚食文化といっても、地域ごとに多様な特徴があり、とくにここ数十年の間に大きく変化してきたといえる。日本列島における魚食文化の広がりと変化について、本書では「刺身と塩干物」「コイ・フナ・アユ」「クジラとイルカ」「発酵ずしから握りずしへ」においてさまざまな視点から取り上げた。ただし、網羅的に解説することはできないため、海産の魚食の変化、淡水の魚食の多様性、クジラ・イルカ食の変化、すしの変化、などを中心にして説明していくことにした。

一方、魚食と対比して考えるべき日本の食文化の特徴としては、肉食の限定的な広がりという問題がある。古代から野生動物のイノシシやシカなどを対象とした狩猟文化、および食文化は列島各地に存在していた。しかし、中央の貴族たちを中心に肉食を忌避する考えが広まったため、魚食のように列島全域で肉食が浸透することはなく、肉食は山間部などにおいて限定的に続けられてきた。明治以降、欧米の影響などにより、ウシ・ブタ・ニワトリなどの肉食が広まるが、魚食を上回る勢いで列島全域に肉食が広まったのは昭和中期（一九五〇〜六〇年代ごろ）以降のことであった。また、列島各地において昆虫食も広がっていたが、最近では山間部などで限定的にみられる程度となっている。このような肉食に関する限定的な普及と急速な浸透の実態については、「イノシシとシカ」「昆虫食」「とんかつとすき焼き」において取り上げている。肉食においては、イノシシ・シカを中心とした野生獣の食文化、昆虫の食文化、文明開化後の肉食、というテーマで解説することとした。
本書の基本的な方針として、時代による変化、および地域的な差異を、それぞれの食文化のなかで説明することを心がけた。日本の魚食、日本の肉食といっても一様ではなく、時代や地域によって多様であるからである。とくに、本書では民俗学的な視点から日本の食文化をみるため、地理的な条件と食文化の特徴を考慮している。まずは、本書の導入として、日本列島を概念的に沿岸部、平野部、山間部に区分し、昭和初期から中期ごろを中心にして、魚食と肉食の特徴を概観する。

沿岸部の魚食と肉食　沿岸部に暮らす人々は、近海にいる魚介や、季節により回遊してくる魚を捕獲し、食用としてきた。縄文時代の貝塚をみても、多様な魚介が食用とされていたことがわかる。いつの時代にも、沿岸部の人々は、季節に合わせて、新鮮な魚介を食用としてきた。冷蔵・冷凍技術がない時代には、新鮮な魚を食べることができるのは漁村の特権であった。現代では地産地消という言葉が用いられて、地域で産する食材を地域で食べる、という食文化が見直されつつある。沿岸部の魚食文化には、地産地消の原点があるといえよう。
漁村では魚介の多様な食べ方が発達した。膾《なます》・刺身・タタキ・アライ・漬《づ》けなどとして生魚を食べてきた。漁師が船上で漬け込む沖漬け、千葉県のナメロウ、大分県のリュウキュウなども新鮮な魚を用いた料理である。漁村といえども生魚だけを食べ続けるわけではなく、魚のアラやすり身などを使った汁物などもよく食べられてきた。一時的に大量に捕れる魚は一度に食べきれないため、塩漬け・干物・節《ふし》・かまぼこなどに加工し、保存して食べつくし、周辺地域への販売も行った。また、マンボウ・ウツボのように珍しい魚は漁村のみで食べられてきた。

沿海部には、純漁村や半農半漁の村だけではなく、都市も存在した。半農半漁の村では、魚が回遊してきたときだけ集団で地《じ》曳網《びきあみ》などを行った。また、個人的に磯や集落の小川で小魚や貝類を捕って自給的に食用とすることもあった。都市の場合は、町人などが魚を捕るわけではなく、近隣に存在する漁師町から魚が供給された。江戸時代の江戸・大坂のように、海に面した地域に都市が発展したところも多く、都市民による魚の需要が高まるにつれて、漁業も発展し、魚の供給が増加していった。ただし、運搬方法や冷蔵・冷凍技術が発達していない時代には、鮮魚の流通には限度があった。江戸では周辺地域から供給される淡水魚の食文化も普及していた。

同じ沿海部といっても、地域によって捕れる魚介には差が大きく、魚食文化にも地域差がみられる。日本列島には、南からの黒潮《くろしお》や対馬暖流《つしまだんりゅう》、北からの親潮《おやしお》などに乗って回遊魚が訪れる。また、外海に面した漁村と、瀬戸内海のような内海に面した漁村でも、沿岸で捕獲される魚種は異なる。したがって、魚食の地域性が生み出されることになった。江戸時代の

『毛吹草《けふきぐさ》』や『和漢三才図会《わかんさんさいずえ》』などには、諸国の名産となっている魚介が記述されている。このような魚食の地域差は、交通網や冷蔵・冷凍技術が発達した現代でも根強く残っている。大きくいえば西日本ではブリ、太平洋沿岸ではカツオ、東シナ海・日本海沿岸ではトビウオが好まれ、北日本のニシン・サンマ、秋田県のハタハタ、茨城県のアンコウ、瀬戸内海沿岸のタイ・タチウオ・フグ、太平洋沿岸のウツボ、沖縄県のスク（アイゴ）、というような魚食文化がみられる。

漁村では、魚介類のほか、クジラ・イルカ・ウミガメ・ウミヘビなども食用とした。明治以前には、アシカやジュゴンを食用とする地域もあった。クジラ・イルカなどは、昭和中期以前には、漁村など沿岸部で入手できる貴重な肉として食用とされていた。江戸時代には紀伊半島・房総半島・四国・中国地方西部・九州北西部などで古式捕鯨が発達し、クジラやイルカが組織的に捕獲されるようになった。捕鯨地域では、クジラ・イルカの食文化が発達した。ウミガメの場合は、クジラ・イルカのような組織的な捕獲・販売は少なく、南西諸島から伊豆諸島にかけての太平洋沿岸における自給的な利用が多かった。

沿岸部の儀礼食　漁村では地域ごとにさまざまな魚介や海洋生物を捕獲して、食用としてきた。ただし、魚介や海洋生物の漁不漁は人々が管理できるものではなく、捕獲には危険もともなう。したがって、漁村では大漁祈願・海上安全、大漁感謝の祭礼が定期的に行われる。

その地域の漁期に合わせて祭礼が行われる場合も多い。その年の初めに捕れた魚や、大きな魚は神社や祠《ほこら》などに供える。祭礼に合わせて特定の魚を捕獲し、神饌《しんせん》とすることもある。伊勢《いせ》神宮《じんぐう》では古代からアワビなどの魚介を神饌としている。太平洋沿岸ではカツオやマグロ、日本海沿岸ではトビウオなどが地域の神社や祠に供えられる。和歌山県北部の漁村では、正月に氏神《うじがみ》を自分の漁船に連れてくるためにカケノイオという乾燥させた二匹のタイを用いる。

図1　正月のカケノイオ（和歌山県和歌山市）

図2　漁師が共食するマンボウの鍋（高知県室戸市）

このほか、紀伊半島や四国では、ウミガメやマンボウを共食することでカツオの大漁祝いをすることもある。

正月に特定の魚を食べる習慣もある。これを正月魚《しょうがつうお》（年取《としと》り魚《ざかな》）という。これは、漁村以外にも広がっており、秋田県のハタハタ、北陸のタラ、和歌山県のカツオなど、地域的な特色がある。鹿児島県の種子島《たねがしま》では、昭和中期まではウミガメをよく食べており、正月魚としてウミガメを食べる地域、田植えの前後にウミガメを食べる地域などに分かれていた。島の中でも地域の自然環境や生業などによって食べる時期が異なっていたのである。

平野部の魚食　川・湖・沼・池・水田などが近くにある地域では、古くから淡水産の魚介類が捕獲され、食用とされてきた。現代では人々の嗜好《しこう》が変化し、淡水魚は生臭いなどといい、敬遠する人も増えているが、昭和中期までは、身近にいる淡水産魚介は、平野部の農村では一般的な食糧であった。

たとえば、愛知県知多《ちた》半島の農村を舞台にした「ごんぎつね」に登場する兵十《ひょうじゅう》は、集落の小川でハリキリ網を仕掛けてウナギやキスを捕獲している。家族での食用を目的としたものであったようである。物語のモデルになったのは、作者の新美南吉《にいみなんきち》の出身地である愛知県半《はん》田市岩滑《だやなべ》という地区であり、彼が生きていた大正から昭和初期の農村の日常生活であった。兵十のモデルとなった人物は、集落付近の川においてウナギを捕獲するのが趣味であったと

図3 「ごんぎつね」の舞台(愛知県半田市岩滑)

いう。このような、川魚の漁撈《ぎょろう》は、昭和中期までは全国的に平野部の農村でみられた。集落を流れる小川や用水では、ウナギ・コイ・フナ・ナマズ・モロコ・ドジョウ・エビなどが捕獲された。農村における川魚の漁撈には、自給的に食用にするのみならず、娯楽的な要素も含まれていた。人々は身近な川において、季節により、魚種により、さまざまな漁法を用い、自然との駆け引きを楽しみつつ、食糧を確保したのである。しかし、高度経済成長以降には河川環境の悪化などで魚が減少し、集落の川で魚を捕獲し、食用とすることは減少した。

淡水魚の捕獲は、大きな河川や湖沼でも行われた。東北日本ではサケ、西日本ではアユがよく捕獲され、広く食用とされてきた。サケは勾配のゆるやかな平野部の河川に遡上する。東北日本の内陸部の集落では、サケは縄文時代から貴重な食糧とされてきた。一方、アユは西南日本を中心に河川の中流域まで遡上する。アユの場合は、春の稚魚から秋の産卵期まで、季節ごとに漁法を変えて捕獲した。サケ漁やアユ漁は食糧確保とともに、楽しみでもあった。また、サケやアユは、古代から加工されて、都へ貢納されていた。したがって、大きな河川や湖沼での漁撈も古代から発達し、滋賀県の琵琶《びわ》湖《こ》などでは中世から近代にかけて重要な生業となっていた。京都の魚食は、琵琶湖や京都周辺の河川・湖沼の淡水魚が支えていたのである。室町時代にはコイは上等とされ、昭和中期までは京都に川魚専門店が複数存在した。

現在でも琵琶湖では多くの魚を捕り、フナのふなずし・コイのアライ・コイコク・ナマズの煮つけ・ドジョウ汁など多彩な淡水魚の食文化がみられる。東京都・埼玉県・千葉県・茨城県にまたがる河川・湖沼ではフナ・コイ、愛知県・岐阜県・三重県にまたがる木曽《きそ》三川《さんせん》下流域でもフナ・コイ・ナマズなどを対象とした漁業が行われ、淡水産の魚食が発達してきた。和歌山県の熊野《くまの》川流域や高知県の四万十《しまんと》川流域ではモクズガニも好まれる。なお、河川に遡上するボラ・スズキなどの海産魚を捕獲し、食用とする地域もあった。

また、農村では水田や溜池《ためいけ》でも淡水産魚介の漁撈が行われた。コイ・フナ・ナマズなどが産卵に水田へ遡上したところを捕獲することがあった。また、灌漑《かんがい》用の溜池では、水を必要としない秋から冬にかけて、集落の人々でコイ・フナ・ウナギなどの共同漁撈を行って、捕獲した魚を分配することもあった。滋賀県では琵琶湖における漁業だけでなく、水田・溜池での漁撈も盛んであった。ところが、水田への農薬散布や灌漑設備の整備などにより、昭和中期以降、水田・溜池での漁撈はほとんどみられなくなった。このため、農村における淡水産の魚介利用は急激に減少した。

淡水産の魚を儀礼に用いることもあった。東北では稲の収穫祝いにサケを食べた。栃木県・茨城県では初午《はつうま》にサケの頭などを入れたシモツカレ（スミツカレ）と呼ばれるものを稲荷《いなり》

図4　シモツカレ（茨城県下妻市）

図5　コイの神饌（愛知県津島市）

に供える。山形県・長野県では正月にコイを食べる。関東ではフナはエビス講の供え物、コイは贈答に用いられた。愛知県や滋賀県ではコイを祭礼に供えるところがある。滋賀県ではドジョウとナマズのなれずしを供える祭礼もある。大阪府の河内《かわち》平野では、溜池のフナなどを捕獲し、秋の祭礼に各家庭でフナのコンマキ(昆布巻)を食べた。和歌山県の紀ノ川《きのかわ》平野では、ジャコと呼ばれる小魚を集落の小川で捕獲し、焼いてから乾燥させて保存した。このジャコを載せたジャコずしが秋祭りのごちそうであった。

内陸部への海産物の流通　内陸の平野部では海産魚も食用とされた。ただし、交通網や冷蔵・冷凍技術が発達するまでは、新鮮な魚介が流通する範囲は、漁村周辺に限られていた。「ごんぎつね」には手曳きの車に積んだ「ぴかぴか光る」「いきのいい」イワシを売り歩くイワシ売りが登場する。舞台の集落は海からは約五～六$^{キ}_{ロ}$の距離であった。昭和初期までは漁村から徒歩で一日に販売できる範囲において、鮮魚は流通してきたのである。

しかし、海から遠い都市や農村でも海産魚は流通した。古代には魚介を調《ちょう》として貢納する制度が整えられ、そのために各地から魚介を平城京《へいじょうきょう》へ運ぶために保存食が発達した。室町時代、魚鳥は上品な食品として尊重されて「美物《びぶつ》」と呼ばれた。「美物」の上は海の物、中は河の物、下は山の物とされることもあり、貴族たちの間で海産魚介に対するあこがれがみられた。京都では、淡水産の魚介は身近な存在であったが、海産の魚介はごちそうという感覚であったようである。

ところが、江戸時代になると、全国的に都市部における魚介の需要が高まり、沿岸地域における漁業技術が発展し、大量に海産の水産物が流通するようになった。内陸の京都にも、若狭《わかさ》（福井県）から海産のカレイ・タイ・サバが運ばれた。江戸や大坂のような沿岸部の都市でも、近隣の魚介では供給量が足りなくなり、周辺地域から船で魚介を運搬するようになった。江戸時代には、魚の塩蔵が多かったが、干物・カツオ節・かまぼこなどもみられるようになった。明治以降は漁業が近代化し、サケ・マス・マグロなどの遠洋漁業も発展する。このことで、サケ・マスは川で漁獲する魚から海で漁獲する魚へと変化した。缶詰・かまぼこ・ちくわ・魚肉ソーセージなどの加工品が工場で大量生産され、内陸の都市部や農村に広まった。

このように、内陸の都市や農村でも、時代とともに海産魚の需要が高まり、漁業や加工技術の発展によって、徐々に広く深く食文化のなかに浸透していった。京都のような内陸の都市部では、時代とともに魚食の中心は淡水魚から海産魚へと移行していった。タイは江戸時代以降、コイに代わって最上の魚とされ、祝宴などに食されるようになった。

ただし、昭和中期までは、内陸の農村では海産魚を日常的に食べるということはなく、貴重な存在であった。このため、祭礼や行事の際に海産の魚介を食べてきた。正月魚として内陸の平野部に広まっているものとしては、東日本のサケと西日本のブリが一般的である。正月には京都でも二尾の干したタイを「掛鯛《かけだい》」として供える。節分にはイワシを食べる風習も全国的に広がっている。農村では田植えの前後に海の魚を食べることもあり、西日本では田植え終了後にサバやトビウオを食べた。大阪周辺では夏祭りにハモやタコを食べる習慣がある。

しかし、現在では、魚の養殖技術が高まり、都市部で需要の高い魚は旬に限らず安定的に供給されるようになりつつある。また、海産魚介のなかでもマグロ・タイ・ブリなどの高級魚に需要がかたより、イワシ・サバ・サンマのような青ものの需要は低下している。概して都市部では鮮魚の消費は落ちているが、かつては行事の折にしか海産魚を見ることができなかった農山村において一定の需要を保っているという（長崎　二〇〇二）。

平野部の肉食　肉食については、古代にウシ・ウマ・イヌ・サル・ニワトリの肉食が禁止されて以降、都の貴族の間では次第に忌避されるようになった。中世・近世でも武士や農民はイノシシやシカを食べることがあった。しかし、肉食の忌避は浸透し、江戸時代には限定的な食用が残っていただけであった。琉球《りゅうきゅう》では近世にはブタの飼育が広まっていたが、中国との交流などにより、本土とは異なる肉食文化が展開していたことを示している。北海道のアイヌの場合は、クマ・シカなどの野生動物を捕獲して食用とすることが盛んであった。

図6　沖縄の豚肉販売(沖縄県那覇市)

明治初期以降、都市部では牛肉食が普及し、牛鍋や牛肉の大和煮《やまとに》が流行した。豚肉は大正時代から普及した。昭和初期、都市部で一般的であった肉といえば、牛肉・豚肉・鶏肉であった。都市部では肉は購入して食べるものであったが、この時代はまだ高価な食べ物であった。昭和中期には捕鯨が盛んになったことで鯨肉が都市部の学校給食でも広まったが、現在では捕鯨が縮小されたために鯨肉は珍しくなっている。都市部の肉食は全国的に共通するわけではなく、地域的な特色がある。現在でも、東日本では豚肉、西日本では牛肉、九州では鶏肉の需要が多く、北海道の羊肉、長野県・熊本県の馬肉が名産となっている。沖縄県ではヤギの食用も一般的である。

昭和初期、農村ではニワトリ・ウサギを飼育し、自給的に食用にしていた。また、周辺の里山においてウサギなどを捕獲し、自給的に食用とすることもあった。「ごんぎつね」の兵十は火縄銃を持っているが、兵十のモデルとなった実在の人物の場合、鉄砲で鳥を撃つことも趣味であったという。里山における小型獣や鳥の捕獲は、昭和初期までは全国的にみられた。平野部の農村の場合は、山が深くないため、ウサギなどの小型獣が中心であったが、まれにイノシシなどを捕獲することもあった。水田や河川・湖沼でカモなどの野鳥を捕獲することも多かった。しかし、昭和中期までの農村では、肉は日常的に食べるものではなかった。野生動物の肉は捕ったり、もらったりしたときだけであり、飼育動物の肉は正月・祭礼・来客時・病気のときなどに食べる程度であった。沖縄県では正月に豚肉を食べる習慣がある。

また、農村では身近にいるヘビ・カエル・イモリ・カタツムリなどのほか、イナゴなどの虫も捕獲して、食用とすることがあった。

山間部の魚食と肉食　山間部の農山村では、山に生息する大型獣・小型獣、鳥などを捕獲し、食用とした。こうした食用は、都市部で肉食が一般化する明治以前も行われていた。とくに、イノシシ・シカの狩猟は食糧の確保というだけではなく、害獣の駆除や楽しみとしての意味合いも含んでいた。東北のクマ狩猟の場合は、販売目的の要素が強かったが、全国的にみれば山の獣や鳥の食用は自給的なものが多かった。東北ではクマ・カモシカ、中部ではシカ・イノシシ・クマ、近畿から西南日本にかけてはイノシシを中心的に捕獲し、食用とした。全国的にウサギやヤマドリ・キジなども捕獲し、食用とした。長野県ではシカ、宮崎県ではイノシシを神社に奉納して祭礼を行うこともある。イノシシやシカの肉は地域の人々が

図7　イノシシ肉（和歌山県紀美野町）

共食することも多い。また、正月に特定の動物の肉を食べることもある。九州や四国ではイノシシ、長野県ではウサギを食べた。山の獣や鳥は、山間部では身近な食材であったが、昭和初期には猟期の冬を中心にして年に数回食べればいいほうであった。ところが、山間部においても、昭和中期以降になると肉屋が出現し、牛肉・豚肉を購入することも広まった。現代ではイノシシ・シカが激増したため、ジビエ料理として肉の活用促進が図られている。

一方、山間部でも河川上流域で渓流の魚を捕獲し、自給的に食用にしてきた。東北日本ではマスの食用が広くみられた。サクラマス・サツキマスは標高一一〇〇《メートル》、河口から一一〇《キロ》まで遡上するため、上流域の山間部でも貴重な食糧となった（野本　二〇〇九）。東北ではマスの遡上する時期と田植えが同じ時期であったため、サナブリマスなどと称し、共同漁撈で捕獲したマスを田植え終了後に食べる地域もある。

和歌山県の熊野川流域では、食用とする川魚としてはアユが最も一般的であった。なれずしにして、秋祭りの神饌として共食した。正月に食べるのもアユのなれずしであった。しかし、昭和初期ごろから、魚売りが運んでくる海産のサンマをなれずしに使うことが増えていったといい、現在ではほとんどがサンマのなれずしになっている。

　このほか、山間部の人々は、上流域に生息するアマゴ・ウグイ・ハヤなども捕獲し、食用とした。川や水田ではしばしばウナギを捕獲し、食用とすることもあった。昭和中期までは、ウナギは上流域まで遡上していたようで、山間部の人々にも親しみのある魚であった。また、長野県のように、水田でコイの養殖を行うこともあった。長野県ではコイは結婚式や正月に食べる祝いの魚として親しまれており、現在では養殖施設を用いて安定的な供給が図られている。

図８　神社の祭礼に腹合わせで供えられた２匹のアユ（和歌山県新宮市）

　山間部では、たんぱく源が限られるため、サンショウウオ・イナゴ・ハチの子・蚕のさなぎ・カブトムシの幼虫などもよく食用とした。長野県南部ではザザムシと呼ぶトビケラの幼虫などを食用とすることもあった。

山間部への海産物の流通　昭和初期以前、山間

図9　スーパーで販売されるコイと塩丸イカ（長野県飯田市）

図10　柿の葉ずし（和歌山県高野町）

部では海産の魚を手に入れることは容易ではなかった。それでも、山間部の人々は、海の魚にあこがれ、折々の行事などに食糧とすることがあった。山国の長野県では富山県から飛驒《ひだ》（岐阜県北部）を通過して入ってきた塩蔵のブリを正月に食べてきた。また、日常食として、塩丸イカを食べることもあった。先述したように、和歌山県の熊野川流域では、サンマのなれずしがアユのなれずしを圧倒していった。昭和初期になると、儀礼食のみならず、日常食としても、山間部にまで塩蔵の魚介が浸透していた。

中国地方の山間部では、日にちがたっても腐りにくいため、サメ・シイラが流通していた。中国山地では、正月・田植え終了後・秋祭りなどにワニ（サメ）が食べられた。和歌山県北部の正月魚は、沿岸部ではカツオであるが、山間部ではサバである。このように、隣接した地域でも、沿岸部と山間部では正月魚が異なる場合があった。和歌山県の山間部と奈良県では、秋祭りに食べるのもサバなどを柿《かき》の葉《は》でつつんだ柿の葉ずしであった。このほか、鯨肉も山間部まで流通していた。高知県では正月、山口県では節分に鯨肉を食べる習慣があった。

魚食・肉食の変化と地域差　日本の食文化は、巨視的にみれば、米と魚や野菜を中心に発達し、限定的に肉食がみられるという時代が長く続いた。昭和中期（一九五〇〜六〇年代ごろ）以降に肉食が急速に浸透し、魚食は米食とともに比重を下げつつある。しかし、時代や地域によって、魚食や肉食の程度には差があった。

地域的な特徴を概略的にいえば、沿岸部では海産魚介、平野部では淡水魚介、山間部では獣・鳥・虫の食用が多かった。しかし、時代とともに海産魚介、ついで家畜動物の食文化が列島全体を覆うようになり、淡水魚介・獣・鳥・虫の食文化は特定の地域で残っているといえる。

参考文献
石川寛子編　一九八八年『食生活と文化―食のあゆみ―』弘学出版
新谷尚紀・関沢まゆみ編　二〇一三年『民俗小事典　食』吉川弘文館
成城大学民俗学研究所編　一九九〇年『日本の食文化―昭和初期・全国食事習俗の記録―』岩崎美術社
長崎福三　二〇〇一年『魚食の民―日本民族と魚―』講談社学術文庫
「日本の食生活全集」編集委員会編　一九八四―九三年『日本の食生活全集』全五〇巻、農山漁村文化協会
野地恒有　二〇〇八年『漁民の世界―「海洋性」で見る日本―』講談社選書メチエ
野本寛一　二〇〇五年『栃と餅―食の民俗構造を探る―』岩波書店
　二〇〇九年『山地母源論2―マスの遡上を追って―』岩田書院
野本寛一編　二〇一一年『食の民俗事典』柊風舎
原田信男　二〇一三年『日本の食はどう変わってきたか―神の食事から魚肉ソーセージまで―』角川選書

刺身と塩干物——旬の魚と魚食の広がり——

橋村　修

1　魚を食べる季節と土地

今や魚料理・魚食の定番は刺身《さしみ》ともいわれるが、全国各地で刺身が普通に食べられるようになったのは第二次大戦後であり、それ以前には刺身は生産地において自給自足に近い形で消費される食材であった。冷蔵庫が普及する以前は、内陸の山村も含めて全国的に一般的な魚食といえば塩干物《えんかんぶつ》であり、生産地から内陸の消費地または航路によって他の地域の沿岸部へと流通する食材であった。今では塩干物から焼き魚、そして刺身へと魚食の主流は大きく変化し、さらに健康志向ブームもあって塩分の多い塩干物の生産は減少している。また、魚といえば旬の食材といわれるように食べ頃となる季節性が各地域に存在していたが、魚食の嗜好《しこう》の変化で魚の旬の在り方や地域性も変質している。

図1　スクガラス

近年では各地で伝統的な旬の食材、地魚《じざかな》料理が提供され、それを目指して観光客が訪れている（野村　二〇〇五）。そうしたなかで塩干品などの伝統的な加工品も注目を集めつつある。加工品の多くはその土地で獲れた魚が使われているが、よそで獲れた魚を利用しながらその土地に根差した伝統的な加工方法による魚料理も存在している。つまり、「地魚」といわれながら必ずしもその土地で獲れた魚ではなく、生産地が他所という事例も存在するのである。沖縄料理で定番の豆腐の上の魚醬《ぎょしょう》である塩辛スクガラス（図1）で使われる小魚のスク（アイゴの稚魚）は旧暦六月一日の大潮の日にイノー（礁池《しょうち》。サンゴ礁のリーフの内側にある浅い海）に入る群れのみが漁獲されるが、店頭で売られているスクガラスの瓶詰の多くはフィリピン産であり、店頭で沖縄の地物《じもの》に出会う機会はほとんどない。地物は生産者とその周辺で消費される貴重な存在ともいえる。つまり、地域固有の食材が流通の整備、消費拡大などの要因により地域をこえた広域地域、さらに国境をこえて輸出入される食材に展開している現実がある。

上記のような塩干物や刺身のような魚食の嗜好は歴史的・地域的にどのように変わってきたのだろうか。刺身や塩干物を取り上げながら、内陸への流通や季節性、伝統食の維持と食文化の均質化の動きを取り上げ、現在の魚食をめぐる状況にも注目してみたい。

なお、「塩干」と「塩乾」の違いについては、『広辞苑』によると、「塩干」が「魚介類を塩に漬けてから干したもの。また、塩辛や干物など、魚介類を塩漬けにしたり干したりしたものの総称。「塩干品」「塩干物」」、「塩乾」が「魚などを塩漬けにしたのち乾燥させること」とある。本稿では「塩干物」に統一して用いていく。

2　魚食文化史のなかでの刺身とその内陸流通

刺身文化の歴史　「刺身《さしみ》」は、室町時代中期頃に「なます」から分化した料理とされる。「なます」は、細切りにした魚の身に酢をかけて食べたもの、「刺身」は「なます」よりも大ぶりに切った身を別の器にいれたタデ酢やショウガ酢で食べたものとされていた（畑江　二〇〇五）。刺身のもとになる膾《なます》は、魚介や獣などの生肉を細かく切ったもので、獣肉や魚介類や野菜を生のまま細切りし、酢で味を付けた料理の総称である（福田ほか　二〇〇五）。日本で「なます」の文字の初見は『日本書紀』の七二〇年（養老四）一〇月「猟場《には》の楽は膳夫をして鮮《なます》を割らしむ」（前田本訓）、『和名類聚抄《わみようるいじゆしよう》』（九三四年頃）には鱠は「細切完也」とある。室町時代になると、なますは酢をかけて賞味される。江戸時代の食・料理辞典である『本朝食鑑《ほんちようしよつかん》』には切り裂いたものをなますといい、糸のように長く細く切ったものを刺身という。身とは肉のこと、刺とは針のことであるとし、なますは酢に刺身は煎酒《いりざけ》に混ぜ合わせるとある。江戸期に入ると種類も増え、現代の「酢の物」に近いものがみられ、魚介料理関係では魚の切り身を氷水に浸して供する「水なます」、酢味噌《すみそ》をつけて供する「沖なます」、身を味噌とともにたたいて供する「たたきなます」などがあったという。

刺身は新鮮な生の魚肉などを薄く小さく切って、醤油《しょうゆ》、酢などにつけて食べるもので、うちみ、つくりみともいう。室町期の『康富記《やすとみき》』一四四八年（文安五）八月一五日「二献冷麺居《これをすえ》レ之、鯛指身居《これをすう》レ之。」（二献目は冷麺と鯛の指身〈刺身か〉があった）、『御湯殿上日記《おゆどののうえのにっき》』一四八三年（文明一五）一〇月一日「夕かたの御いわゐもいつものことし。みん部卿すすき一さしみまいる」（夕方の御祝いもいつものようであった。民部卿にすずきの刺身がふるまわれた）とある。江戸期には「茗荷《みょうが》のさしみ」『咄本《はなしぼん》・醒酔笑《せいすいしょう》』六（一六二八）、「蒟蒻《こんにゃく》のさしみ」『俳諧・芭蕉庵小文庫』春（一六九六）などの話もみられる。刺身料理の普及は、調味料である醤油の登場と関係していたとされている（本山荻舟《もとやまてきしゅう》『飲食辞典』）。鎌倉時代には、生魚をなますにし、山葵《わさび》酢や生姜《しょうが》酢で食べられていたという。室町時代に入り醤油が登場し、醤油に山葵を添えて食べることが普通になっていったとされる。しかし、この当時の醤油は非常に高価で、とても庶民の手が届くものではなく、特に関東方面において醤油が広まるのは、その生産が飛躍的に伸びた江戸末期まで待つ必要があったとされている。

江戸末期（一八五三年〈嘉永六〉）の『守貞謾稿《もりさだまんこう》』後集巻一によると刺身は、京や大坂で代表的な海の魚であった鯛を作り身、フナをさしみといい、鯛は酢味噌、山葵醤油につけ、マグロは下魚で刺身にしなかった。江戸では刺身といい、祭事で鯛、日常でマグロが用いられ初鰹の刺身が好まれ、マグロとカツオは大根おろし醤油で食べられた。白い鯛ヒラメと赤いマグロを葭簀《よしず》、硝子簾《がらすすだれ》の上に並べた「作り合わせ」もあった。江戸京坂にはスズキや鯉の刺身を冷や水で洗って食べる洗いもあった。江戸ではカツオ鮪を扱った刺身屋なる屋台もあってかなり繁盛したという。歌川豊国《うたがわとよくに》（三代、一七八六―一八六四、一八〇七年〈文化四〉頃から幕末にかけて著名）画の「当世娘評判記《とうせいむすめひょうばんき》」（国立国会図書館所蔵、図2）には、娘の前に料理や酒器が描かれ、手前の刺身の皿は浅い大皿の上に、すだれをのせて刺身とつま（添え物）を盛っているという（松下　二〇〇九）。

図2　「当世娘評判記」（国立国会図書館所蔵）

刺身の内陸流通　鉄道開設以前の塩・魚の移入路を研究した田中啓爾によれば、一般に塩や塩干魚の移入には大量輸送に適した水運が選ばれ、鮮度が命の生魚の運搬は陸路最短距離をとるとの法則性があるという（田中　一九五七）。

海のない山梨県では、意外にもマグロの刺身の消費量が全国の中でもきわめて多く、平成一九年の総務省統計局による

「家計調査年報」によれば、甲府市は一世帯あたりの年間マグロ消費量が全国の県庁所在地と政令指定都市の中で静岡市に次いで全国二位であった（山梨県立博物館　二〇〇八）。山梨の海産物食は、歌川広重《ひろしげ》も食したという漬《つ》け鮨《ずし》、近世末期からあるとされ贈答品の定番でもあるアワビの煮貝、そして乳幼児の歯固めにも使われるという乾姥貝《ほしうばがい》など実に多様で、江戸時代の史料に以下のような記述がある（山梨県立博物館　二〇〇八）。「甲州噺《こうしゅうばなし》」（『甲州叢書』第二巻、一七三二年）などには、海魚の塩鰤《しおぶり》・塩鱈《しおだら》・塩引鮭《しおびきざけ》は越後《えちご》から信濃路《しなのじ》を陸送され、無塩《ぶえん》（保存のための塩を用いていない魚）の魚は一〇月から三月までは駿州沼津、相州小田原より陸送されたとあり、「甲斐道中之記《かいどうちゅうのき》」（『甲斐叢記』第三巻、一八三〇年）では、四方山に囲まれ海のない甲州で夏でも生魚があるのは駿州沼津で捕れた魚を甲州へ送るルートとして二〇里余の道のりを沼津より半日一夜かけて馬で送るからだとするという。つまり、冬場の一〇月から三月までは太平洋側の沼津や小田原から無塩の海魚、生魚が陸伝いに入ってきていたこと、日本海側からは塩魚が入ってきていたことがわかるという。

山梨県（甲州）においては前者が富士川水運であり、後者がおもに中道往還《なかみちおうかん》、鎌倉往還に相当し、甲府は夏季における生魚の魚尻線《うおじりせん》（到達できる限界で、「刺身限界」ともいう）に位置し、山に囲まれた内陸といえども、生魚の輸送には不利な立地ではなかったという（山梨県立博物館　二〇〇八）。駿河《するが》湾で早朝にあがった魚は、一〇時頃には沼津の問屋へ持ち込まれ、午後二、三時頃までに吉原の荷受問屋へ送られ、吉原には甲州の馬方《うまかた》が泊まる木賃宿《きちんやど》があったので、沼津より魚荷が届くと馬舎より馬を引き出し、三十余貫（約一〇キロ）の荷を背に積んで四時頃甲府に向けて出発し、塩の道と異なるルートを経て翌日夕方までには甲府に着くという。山梨にもたらされるマグロ刺身は、伊豆半島で水揚げされ、甲府韮崎《にらさき》まで移送されるのに約一日かかり、これが「マグロ刺身限界線」とされる（山梨県立博物館　二〇〇八）。江戸時代における「魚尻線」「刺身限界線」という地理的な範囲は、甲州に限らず日本全国各地の海岸線から内陸部への多様な海産物移送ルートに存在していたという（田中　一九五七）。山梨の特産品であるアワビの煮貝や乾姥貝は単なる保存加工ではなく、乾燥させること、運送に時間を要することで旨みが出てくることも特徴であるという。

3　塩干物——山に生きる海産物——

内陸での塩干物　塩干物は魚介類を塩漬けしたり日干ししたりして加工した水産加工食品と定義され（三輪　一九八三）、素干《すぼ》し、塩干《しおぼ》し、煮干《にぼ》し、焼干《やきぼ》し、調味干《ちょうみぼ》し、燻製《くんせい》品、節《ふし》類、凍干《こおりぼ》し、灰干《はいぼ》し、文化干《ぶんかぼ》しなどがある。現在では刺身食の台頭で消費も少なくなりつつあるが、富山のますずしや塩ブリ、昆布《こぶ》まきかまぼこ・ちくわ、滋賀県のふなずし（発酵食）、麹漬《こうじづけ》、糠漬《ぬかづけ》、酢《す》漬《づけ》、しめさば、いわし卯《う》の花漬《はなづけ》、ささ（笹）漬、ままかり酢漬、味噌《みそ》漬《づけ》、醤油漬《しょうゆづけ》、有明海などの粕漬《かすづけ》、松前漬《まつまえづけ》など各地にみられる。また、ふなずし、かぶらずし、フン（バショウカジキ）の昆布じめ（富山）、板ワカメ（山陰〜中

表1 『日本水産製品誌』の一部の乾製品の記述

乾製品	記述内容
イワシ（乾鰮）	•「目刺鰮」→「此製は主に関東地方で行われ、上総九十九里浜の如きは有名なる製産地なり、東京市上に上るもの年々其額鮮少ならす、需用最も弘く、信濃、飛驒、甲斐等の諸国に迄輸送す」 •「田作（つくり）」→天照大神と関係があり「全国一般新年賀儀に用い、関東地方殊に上総夷隅郡の産を良品となす」、支那輸出もある。 •「煮乾鰮」→関西地方に多く鰹節の代用とする。「畳鰮」→伊豆・駿河・遠江に多い。
キビナゴ	乾キビナゴは九州地方に多く、「二月より八月の間に網獲し、田作の製法に倣いて淡乾し「ゴマメ」と称えて田作に混じ、年賀の卒盤等に供するなり」
アジ	乾鯵「開乾鯵」の「くさやのひもの」→「安房ニテモ製スレド伊豆大島を本場トス、鯥鯵の腹開乾物にして一度使用したる立塩を数年間貯へ置き、毎年それに塩水を加へて魚を漬蔵し、乾製するが故、炙れば一種甚だしき臭気を放つ、地方によりては甚だ嫌忌すれども、東京にては従来大に之を賞美す、然れども近来衛生の法厳なるより此製品漸々市に上ること鮮きに至れり」
サバ	乾鯖「刺し鯖」→大鯖を脊開し、越前産を著名とする。「往時旧藩時代には諸侯よりの呈進品の一にした上下共に賞食し就中七月一五日には必ず上下貴賤共に生霊を祀るの饌に供するの例ある等にて需用広きものなりしが近時は此製殆ど廃れたり」
トビウオ	乾飛魚「開乾飛魚」→「九州及関西にては主に大阪に輸ス、大阪にては古来盆七月十三十四十五日には必ず両親存生の人に供する旧慣あり」
サンマ	「乾三摩」→「山間の地にては最も嗜食し関東関西畿内中仙道等に需要あり、就中近江美濃にては必ず重齢の饗膳に供ふるを例とす。（略）又季節の終わりに製せし脂肪の少きものは、旱商之れに鰮油を塗抹

	して以て漁季の初めに製せしものに凝することあり」
タイ	「焼乾鯛」→若狭・伯耆で産する。「乾甘鯛」→静岡の「興津鯛」若狭の「若狭鯛」などが著名。
カサゴ	乾笠子魚　「東京にては往時五月の節会の煮染に此ものと乾河豚を用ふるの嘉例あり、」
ムツ	乾鯥　陸前陸中を主な産地とする
ブリ	「塩乾鰤」が旧藩時代には三河、志摩、加賀等より徳川幕府へ呈進
シイラ	「乾鱰」→「此ものも又支那輸出品の一にして、内外の需要廣し九州地方にては此を祝膳に用ふれとも、山陰地方にては農家に祝賀には大に之を忌む、之れ作物のしいなの音に符するを以てなりと云ふ。」
フグ	・「乾河豚」→「三枚開河豚は主に内地に需用せられ、殊に九州地方にては乾魚中の首なるものとし、価も従て高価なり」
	・「河豚条(スヂ)」→「関東にては例年五月節句の煮物には乾河豚と乾笠子を用ふるの旧慣ありて、河豚条の需用多し、又加賀、能登、等にては河豚条及脊開乾河豚を糟漬と為して賞味す」。
イルカ	乾海豚、海豚垂(イルカノタレ)と称す。「伊豆、駿河にて製するものにて、其地方及び尾張、三河、美濃、甲斐、地方に販売せり」
アゲマキ	乾蟶　筑後山門郡東開村産が有名。「慶応年間筑後国山門郡中島村魚商釘崎伊平と云う者始めて乾製法を試み、長崎に送り支那商に売り多少の利益を獲たり、是海外輸出の嚆矢なり、爾来年々輸出し……」

国山地)などのように米や野菜との組み合わせの製品も多くみられる(福田ほか 二〇〇五)。

明治期の全国の水産製品を記す『日本水産製品誌』(農商務省水産局によって一八八六年〈明治一九〉に編纂が始まり一八九五年に脱稿)には塩魚と乾魚の説明が多く割かれ、その記述の中には内陸部への流通や

表2 『日本水産製品誌』の一部の塩製品の記述

塩製品	記述内容
塩鱈(タラ)	「関東以北及北陸、山陰の地方に需用 東京近傍にては古来より元旦歳暮の嘉儀には必ず鱈昆布の吸物を用ふるの古例ありて、需用甚だ広く往時汽船の航通なき時には年末内に江戸に積み入れたるものは大利を得たりしなり」
塩鯛(タイ)	福岡藩「産地より切り走りと称し、久留米、佐賀地方或は筑前、秋月、豊後日田等へ販売す」
塩鮪(マグロ)	豊後、伊予、土佐にて製するものを大阪并近傍の村落へ。陸中、陸前産は東京、横浜、奥羽の各地へ販売する。「民間の食用に供すれども、専ら農家の嗜好に適せりと云ふ」
塩鰤(ブリ)	•脊割が日向・肥後・若狭・紀伊、腹割が肥前・大隅・土佐・出雲・能登・佐渡(→地域性)。 •「塩鰤は山間僻陬の地に於いては祝祭の饗膳に欠くべかざるの佳肴に供せり」 •販売：日向臼杵郡産の鰤血切は大阪及び備後地方へ。筑前宗像郡の産は博多市街へ。越中・能登・佐渡の産は信濃、飛驒地方へ。陸前産は羽前、羽後、岩代、磐城、常陸、下野、上野、東京等の各地へ。
塩鰰(ハタハタ)	羽後国秋田において「新年の嘉饌に充るもの」で、「敢て他方に販路を求めされとも、もし遠きに輸送せば極めて賞味せらるべし」
塩鯖(サバ)	•紀伊北牟婁郡長島浦では「ドロアライ」「ツボキリ」というように塩加減の異なるもの製造する。信濃尾張地方では、四斗樽の魚に塩凡そ二斗の割合で漬け込み、塩の強きは保ち善とて賞するに依るとし、近隣大和地方へ売るものは「同量の魚に塩凡そ二升五合を以てす」とし、これを熊野鯖と称し薄塩にして美味で、これを四斗樽に詰め、板蓋を為して運搬した。 •若狭三方郡日禹浦では、「鯖一〇貫目に塩一斗の割合にて桶に漬け込み数日にして之を取り出し肴籠の長さ二尺幅一尺高さ九寸なるものの内へ藁を敷き三五尾を一籠とし其上を筵にて包み縄掛けなどなし

	て運搬し西京及近江国等へ売出すものなり」 •石見国安濃郡鳥井村では一〇貫目に塩一斗二升。二度漬は日向国那賀郡南方村、肥後国天草郡崎津村で。
塩秋刀魚（塩サイラ）	•安房国朝夷郡の塩秋刀魚→「販路の遠近に依て塩の濃淡の度を異にす。まづ捕魚の日より二~三日にして鬻ぎ得べき、東京の如き販路には薄塩を以ってし、又尾州、三州、勢州地方へ回漕する品物は塩気を充分に与へ置くもの……四斗樽に入れ空気の侵入するを防ぐ時は六七月間を保存し得べし。多く東京府及び上州、尾州、三州、勢州等へ販出す」、 •紀伊国東牟婁郡勝浦→「数万尾の魚を大桶に投じ、魚一万尾に付塩三石を度として之に和し、掻き交せ、更に壮夫をして桶中に入て之を踏ましめ数一〇回の後ち、厭石を置く事一夜にして製造を終る、該地方に於ては新年祝賀の注連飾に掛魚となすの例あり。大阪及愛知、三重等の各地へ輸送す。……明治二三年二月東京深川平清楼にて食物改良会に塩秋刀魚の鱠を作り大に喝采を得し事あり」

行事での利用もみられる。表1・表2はその内容の一部を乾燥品、塩物に分けてまとめたもので、ハレの行事や日常での利用形態、乾燥や塩の具合などの製造方法、流通先がわかる。

乾製品の例　表1に一部の乾製品をまとめた。鰛《いわし》は乾《ほし》鰛が関東に多く九十九里《くじゅうくり》浜《はま》でとれたものが東京を経て内陸の信濃《しなの》・飛騨《ひだ》・甲斐《かい》に流通し、煮乾鰛は関西に多く鰹節の代用であった。キビナゴは九州で多く、ゴマメとして田作《たづくり》に混ぜて正月に食べた。乾鯵《ほしあじ》としては、伊豆諸島のくさやがあり、地方によっては嫌うが東京では好むとある。乾鯖《ほしさば》は、旧藩時代に大名家が幕府へ七月一五日の生霊《しょうりょう》を祀る儀式で献上していたが、近年ではその慣行も廃れたとある。乾飛魚《ほしとびうお》は九州や関西から大阪へ出し、大阪では盆の七月一三〜一五日に両親存生の人に供する旧慣があったとする。乾サンマは山間部で好まれていた。乾鯛《ほしだい》は焼乾鯛が若狭《わかさ》・伯耆《ほうき》産で、乾甘鯛《ほしあまだい》として静岡の興津鯛《おきつだい》などが知られていた。笠子《かさご》は乾しものを東京において五月の節会の「煮染《にし》め」に用いていた。乾シイラは九州地方では祝膳に用いたが、山陰地方の農家では実の入っていない籾《もみ》「シイナ」の音に似ているとして嫌うなど、その扱いに地域性がみられる。

塩製品の例　表2に一部の塩製品をまとめた。塩鱈《たら》は東京近辺で、塩鰤《ぶり》は西日本の山間部で元旦歳暮に欠かせなかった。塩鰤は背割りと腹割で地域性があった、塩鮪《まぐろ》は、各地の沿岸部から大阪や東京周辺部の農家へ運ばれその嗜好に適し、塩鰮も庶民の食べものだった。また、秋田の塩鰰《はたはた》のように地域限定の食べものもあった。塩鯖は太平洋、日本海双方で製造されていた。塩秋刀魚《さんま》は太平洋側に主としてみられる。

燻製品としての節類　鰹節《かつおぶし》など魚の身を乾燥させた水産加工品である節類について取り上げる。鰹節はカツオの肉を煮てあぶり、乾燥・かび付け等の工程を経て作った燻乾《くんかん》製品である。特有のうま味をもち、だし汁等料理に使用されている。『延喜式　主計式』に「堅魚《かつお》」「煮鰹」が駿河《するが》から、「煎汁《いろり》」（鰹節を作る際の煮汁を煮つめたもの）が駿河・伊豆から献上されたとある。鰹節の改良は、江戸時代の慶長、元和期に紀伊《きい》、志摩《しま》、薩摩《さつま》などで進んだとされ、一六七四年（延宝二）に紀州熊野浦《くまのうら》の漁者甚太郎が土佐《とさ》国幡多《はた》郡西の岬で獲ったカツオを土佐の宇佐浦《うさ》において改良鰹節に製造し、宇佐浦の播磨屋が土佐節とし、安房《あわ》国においても熊野浦から伝来した製法による安房産鰹節を製造し、これを「房《ぼう》熊《くま》」という。正徳期には大坂と江戸に鰹節問屋がみられた。江戸期の鰹節の評判は、九州四国産は佳良、東海産は不良、東へ行くにつれて品位が劣るとされ、磐城《いわき》節、仙台節はほとんど市場に出ないという（多紀ほか　一九九九〜二〇〇〇）。

『世界大百科事典』（平凡社）によるとカツオは春から秋にかけて日本の太平洋岸を北上するため、沿岸各地で製造される。筋肉の油含量が一〜三％のものが原料として適しているとされており、四〜七月頃、九州近海から伊豆七島付近で漁獲されるカツオは「春節《はるぶし》」といわれる品質のよいものとされる。大形のカツオを三枚におろし、片身をさらに背・腹の二つに切り分けて作ったものを本節、小形のカツオを三枚におろし、片身を一本の鰹節にしたものを「亀節《かめぶし》」、切り分けたカツオの身を煮た（蒸した）あと、燻《いぶ》して寝かせるという作業を繰り返したものを「荒節《あらぶし》」という。荒節に付着したタールを削り、かび付けと日干し、かび落としなどを繰り返し行ったものを鰹節という。また、二、三回かび付けしたものを枯節《かれぶし》、それ以上かび付けしたものを本枯節といい、極上品とされる。なまりぶし（生節）とは、鰹節の半製品で、節どりしたカツオを煮て火力乾燥させたものである。

そもそもカツオは、『徒然草《つれづれぐさ》』に「この頃もてなす物也、此魚はかばかしき人の前へ出る事侍らざりき、世の末なれば、上ざま、ても入たつわざにこそとなる」〈かつおという魚は、〉あの地域で最近になって最高のものともてはやされている魚だ。この魚はれっきとした偉い方に決して出すような魚ではなかった。世も末なので、上流階級までがこんな魚を食べるようになってしまった）とあるように高級魚ではなかった。元弘年間までは東国では生のカツオを食べることはなく、カツオの肉を蒸して干し固め、かび付けと日干しを繰り返したものを削って料理にかけたり、だしを取ったりして用いていたという。最近は削り節の形でパックした商品が主流になっている。カツオ漁が有名な土佐では、近世以降、高岡郡宇佐（現土佐市）、幡多郡清水・中浜《なかのはま》（現土佐清水市）などで盛んとなり、天保年間（一八三〇〜四四）には年漁獲高二〇〇万本の記録があり、加工面では宇佐の播磨屋佐之助、中浜の山崎儀右衛門らが鰹節の改良と積出しにつとめ、江戸、上方《かみがた》で土佐節の名声を高めたという。

『日本水産製品誌』には、「亀節」（真鰹の小なるもの、相太鰹《そうだがつお》）、「生利節」「鮪節《しびぶし》」「鯖節《さば》」「ブリ節」「鰮節《いわし》」が紹介されている。鮪節は、『日本山海名産図会』によると九州でとれるマグロを鰹節のように加工する、製造期は地方により異なる、冬より春が多いが三陸は夏マグロ、秋マグロを大網で捕る地方が多い、カツオよりも脂肪が多いので脂油を抜かなければ佳良の節にはならない、陸中では六本切、八本切があるとする。

行事に使われる魚

井上頼寿《いのうえよりとし》『京都古習志《きょうとこしゅうし》』（一九四三年〈昭和一八〉発行）には、昭和初期における山城《やましろ》、丹波《たんば》、河内《かわち》、近江《おうみ》、大和《やまと》などの京都府南部とそこに隣接する各県の内陸の村々の宮座《みやざ》などの行事で用いられる食材が村ごとに細かく記されている。塩鰤などの塩魚、スルメや棒鱈《ぼうたら》などの干し魚も多くみられる。その一方で、なます（鱠、膾）の使用はかなり多く、河内国北河内《きたかわち》郡津田村（春日神社、

表3　昭和初期の京都周辺山間部の祭事でみられる魚(『京都古習志』より)

	郡	村	地区	神社	魚
座					
山城国	相楽	加茂町	銭司	春日四社明神	数の子、鮓五枚
	相楽郡	加茂町	大野	勝手神社	かづのこ、たこ、はまぐり、ふか(さしみ)
	相楽郡	瓶原村	河原	宮座	章魚
	相楽郡	当尾村	岩船	白山神社	鮓
	相楽郡	木津町	鹿脊山	八王子神社	焼物、鮓
	相楽郡	高山村	田山		いわし、鱲ふか、しゃこ、鰑、章魚、鮎寿司
大和国	添上郡	月瀬村	桃香野		鯛
山城国	相楽郡	相楽村	相楽	相楽神社	カマス・とりさか(海藻)(一〇月秋祭)、飛魚、鰑、伊勢海老、しょうえび、鯉、鯔
	相楽郡	川西	下狛小字僧坊	鞍岡神社	生酢(トサカほか七品)、塩アジ、アジ、鰹魚昆布の出汁、カズノコ、カマス
		川西	菱田	春日神社	鱠、花かつを、いわし、とびう、はぜ
		宇治田原村	岩山	雙栗神社二十六日座(正月二六日)	めぐろのた(めぐろとは鯖に似た魚)
	綴喜郡	田原村	高尾《こうのお》	神明神社祭り座(一〇月)	鰑ナマス、しいら(四寸四方)
	綴喜郡	三山木村		佐牙神社宮座	鰯の焼物、鰑、鮓
	綴喜郡	田辺町	宇薪	天神社	たら、大あじ、中あじ、川ざこ、小あじ、数の子

	郡	村	地区	神社	魚
	綴喜郡	大住村	大住	月読神社	塩鯖
	綴喜郡	大住村	松井	天神社	昆布、ナマス、鰑、蒲鉾、川雑魚、寿司（鯖寿司と箱寿司）
河内国		私市町	森		めー（海藻）の塩炊き
	北河内郡	津田村	春日	春日神社	ごまめ、数の子、蒲鉾、海魚の作り、鰤
山城国	久世郡	寺田村	寺田	水度神社	膾（鰑）、雑魚汁、鯨汁、烏賊、かます（焼物）、のた（さば）、海老、蒲鉾、はも、たこ
	東山区	山科	大宅	岩屋神社	生鯉
	嵯峨			松尾祭り	すけとー（干鱈。頭付の鱈を開いて乾したもの）、塩鰤（焼物）、塩小鯛、睨鯛、さはら（土器）、鰑（膳）
	下京区	松原通烏丸西入南側		新玉津島神社	鯛、章魚、螺⇒鮑
	乙訓郡	新神足村		小倉神社	鰤、鯨汁、干鰤、かます、鯖寿司、章魚、生鯛、ちんからうるめの干物、鰊の味噌焚
	中京区	壬生			塩鱈、鰤、章魚、花かつを、鰑、干鯛、飛魚、はむ皮、小鯛、いいだこ
	右京区	嵯峨	水尾		鮃
	葛野郡	小野郷村	大森の東町		鮪
丹波国	北桑田郡	山国	井戸		鮎鮨
	北桑田郡	黒田	宮		あゆ

山城国	北桑田郡	黒田	上黒田	春日神社	鰤の焼物、鯛
	北桑田郡	黒田	灰屋		鮎
	愛宕郡	雲ヶ畑	中津川		鮎、あまご
	上京区	上加茂		『精進頭』	塩小鯛、数の子、蛤、章魚、鰆焼物、鯛、烏賊、鰡(鉢肴)、鰹、鰤、棒鱈等
	上京区	紫野		今宮神社	塩鰤
	左京区	北白川		天神宮	飛魚二枚
	左京区	高野		崇導神社	鯉、昆布、魣の焼物、小鯛、鯛
	愛宕郡	岩倉村		梅宮神社	鯛、魣
	愛宕郡	鞍馬村			鰑、鯛
	愛宕郡	静市野村	静原		亀(餅形)、鶴(餅形)、鯛、鰑、昆布、※祭りを魚の安い月に変更した。
	愛宕郡	久多村			をこぜ(三月山神様祭)
近江国	高島郡	朽木村			正月の宴用に小浜から魚を取り寄せる
近江国	滋賀郡	堅田町	今堅田字野上		鯉(八寸)、鮒(五寸)、蝦(炊いたもの)
	大津市	大石村	東	八日座	にらみ鯛、鰤
	栗太郡	志津村	追分	一〇月一日例祭	琵琶湖の蝦の蒸したもの、鯖寿司、しいら(鉢肴)
	栗太郡	葉山村	大橋	三輪神社	鰌鮓(九月下旬)(神の川で獲る)、鯰、鱶の串刺(塩鱈の代用)、※鰌は一切女人に扱わせない。
	栗太郡	大宝村	蜂屋		鰌鮓(神饌)、開き鯰

	郡	村	地区	神社	魚
山の神講 大和国	吉野郡	高見村	木津		鯛(板で作り墨で描いた)
丹波国	北桑田	山国村	井戸	山の神は大樹	一一月の山の口で京から求めてきた鯛の鉢肴(はつつあかな)などを出す。
山城国	愛宕	雲畑村	出谷(でたん)		鰑(二月九日大祭)
	愛宕	鞍馬村	山鞍馬	正月と一一月の九日が「山の口」	家の神棚へ神酒と鏡餅または「おこぜ」を上げる。
	愛宕	花脊村	別所	二月と一一月の九日が山之口	餅鯛
	愛宕郡	花脊村	大布施		頭のある魚
	愛宕郡	岩倉村	岩倉		昆布
	愛宕郡	久多村		二月一一月	おこぜ一枚
近江国	甲賀郡	北杣村	高山	笠山神	オコゼの小絵馬を上げる風習
松尾講	下京区	御所の内		二月九・一〇日	鰤の焼物、鯨汁、鯛の焼物
天神講 山城国	久世郡	寺田村	寺田	水度神社の天神講	ごまめ、数の子、章魚、海老、蒲鉾、鰡(鉢肴)、鰡味噌汁

稲荷講	右京区	上桂		午の日	ナマス、鰤の切り身の膳
八幡講 近江国	甲賀郡	北杣村	杣中	八幡神社八月一五日	泥鰌汁、鰊の昆布巻
蛭子講	中京		商家行事		睨み鯛(生二匹)、飯章魚の味無し煮、焼いた塩鰡、鰤切り身、伊勢海老、鮑、ナマス(赤貝の身を大根に載せる高盛一尺二寸)
お弓講	乙訓郡	海印寺村	奥海印寺	走夕神社	棒鱈
	乙訓郡	大原野		大原野神社	海老、昆布、青苔
	右京区	広野		三宮神社	棒鱈、鯛、鯉
	右京区	嵯峨		松尾神社	鯛、鰤、鰤のなます、鰤の昆布巻、結昆布、長芋昆布巻
	中京区	壬生		六勝神社	雑煮(餅と花鰹)、鯔膾、鯛汁、鯛焼物、凍り鮒、蛸
ねんど 年頭講	乙訓郡	久世村	中久世		串貝、膾、鰹胡麻あへ、小鯛焼物、鯵焼物
	乙訓郡	向日町	寺戸		鯛、塩鰤、明治以降は棒鱈、潤目の焼物

	郡	村	地区	神社	魚
さつぺい	乙訓郡 右京区	向日町 広野		向日神社 三宮神社	鯛、昆布 鰤 一〇片
おこなひ	右京区	桂	千代原		ナマス切り
玄孫子講	乙訓郡	久世村	上久世	夜叉子講	棒鱈
	乙訓郡	久世村	下久世	夜叉子講 二月二七日	鰤は毎日膳に付ける
	乙訓郡	乙訓村	井内 射場	矢射講 正月九日	棒鱈、ごまめ、数の子、水菜に鰤の炊いたもの、ナマス

現枚方《ひらかた》市）では「海のつくり」、すなわち刺身の記述がみられるなど、鮮魚の利用もみられる。琵琶湖のある近江では淡水魚が多い。しかし、他の内陸部では海の魚がかなり多い（表3）。山城国愛宕《あたご》郡静市野村では、祭りを魚の安い月に変更したとあるように魚は欠かせない神饌《しんせん》でもあった。また近江国栗太《くりた》郡葉山村大橋の三輪神社ではでは鰌《どじょう》をいっさい女性に扱わせないとある。また使用していた鱶《ふか》（サメ）を明治以降に棒鱈に変更した事例などのように使用する魚も一部で変化していたが、おおむね旧慣が守られている。山の神講ではオコゼや鯛、鯣《するめ》もみられる。

表4　昭和初期の京都南部周辺の内陸部の村の儀礼で出てくる主な魚

淡水魚	あまご1　アユ5　コイ2　どじょう4　鯰1　鮒2
海産物	青苔1　あじ6　鮑1　烏賊2　鯣8　いわし2　うるめ2　えび(しょう海老　伊勢海老2　海老3　蝦1　琵琶湖の蝦1)　数の子5　鰹3　花かつを3　カマス8　　鯨3　串貝1　ごまめ2　昆布7　鯖2　鯖寿司3　しいら2　しゃこ1　鯛18　小鯛5　睨み鯛2　たこ9　いいだこ2　鱈8　とりさか(海藻)2　飛魚2　鰊2　はまぐり1　ふか2　鰤19　ボラ5　鮪1　をこぜ4　螺　魚淫
	ナマス(膾)8　蒲鉾4　はむ(はも)皮1　海魚のつくり(河内北河内郡津田村春日神社)

数量別に魚を示した表4をみると圧倒的に海産物の多いことがわかる。ブリ、タイが多く、エビ、タコ、カマス、イカの鯣、鱈(棒鱈)、アジ、サバ、ボラなどが続き、トビウオ、シイラ、カツオ、クジラもみられる。マグロは一ヵ所であった。山の神祭りではオコゼが散見される。内水面の魚はコイ、アユ、フナ、ドジョウ、川エビなどがみられる。その多くを海産物が占めていた。

山間部への流通　次に、山間部に流通する海産物としての塩干品を紹介する。現在でも内陸で普通に食されている塩海産物を紹介する。長野県内で多くみられる「塩丸いか」は海無しの信州特有の食材として知られている。もともとは伊那《いな》地方の豊丘《とよおか》に限られていたものだったとされるが(市川　一九八五)、現在では長野市内や松本市内をはじめ各地のスーパーでも生のイカとともに並んでいる。これは、内臓を取り、ゆでたイカ(スルメイカ)の胴に塩を詰め、足を差し込んだものである。昔は富山県で水揚げされた魚介類を冬は塩ブリ、夏は塩丸いかや塩シイラ(くまびき)などとして海のない信州に運んできたという。長野県でも現在では生イカの購入割合が最も高いが、塩イカ、煮イカの購入も維持され、北・東信に比べ南・中信地方で多く利用され、日常食として塩イカは酢の物、粕和《かすあ》えサラダに用いられてきたという（中澤・三田　二〇〇四）。信州に日本海から入ってくる海産物の代表格はイカであり、日本海側の夏は高温多湿で、生魚は腐りやすく、かびがつきやすいのでイカの塩蔵法が行われたという。戦前は佐渡・富山・福井などの日本海産イカで製造していたが、近年は肉厚のニュージーランド産が原料の半分を占めているという。塩丸いかの県内消費量は約二六〇〇トン（二〇〇六年）、一人当たりの消費量は南信一九六グラム、中信一三九グラム、東信七五グラム、北信五九グラムで中南信地方が三分の二を占め、その多くは夏場（五月〜八月）に消費しているという。おもな料理は、新鮮な夏野菜を使ったもみ合わせ、ワカメと夏野菜を合わせた酢の物、キュウリとイカの酒粕もみなどである（片桐　二〇〇九）。

二〇一三年九月、中国山地にある広島県安芸《あき》太田《おおた》町の戸《と》河内《ごうち》の道の駅には「板わかめ」「いわし塩辛」「酢タコ」の海産物が並んでいた。板ワカメはワカメを板状に薄く干したもので、春になると江《ごう》の川《かわ》流域をはじめとして中国山地に出回るものだという。産地は島根県の出雲《いずも》を中心に山陰海岸一帯におよぶ。北陸や北海道に比べると山陰地方は暖かく、ワカメが薄く柔らかく育つため、この地方にワカメを板状に薄く干す加工法が定着したという。板ワカメには次のような故事もある。今から約二〇〇〇年前、日御《ひのみ》碕《さき》の海岸で一羽のカモメが海藻をくわえ、神社の欄干にこれを掛けた。不思議に思った神主が、それを浄水で洗って神前に供えた。それ以来、日御碕神社では毎年一月五日に「和布《め》刈《かり》神事」が行われるようになったという（高橋・白石　一九九一）。かつては島根県と広島県の境目を流れる江の川流域と周辺の邑智《おおち》郡（島根県）、三次《みよし》市（広島県）などを、行商人が季節ごとに回って板ワカメのほかにも保存性の高いワニ（鮫）、塩サバ、クジラの肉、塩マンサク（シイラ）などを売り歩いていたという（神崎　一九八五）。三次では今でも江戸末期から明治期に普及したといわれるワニ（サメを表す古語の和爾で因幡《いなば》の白兎《しろうさぎ》伝説にも登場）料理が名物となっていて、刺身や湯引き、煮こごりが食べられている。戸河内のいわし塩辛は「和製アンチョビ」のようなもので、島根県浜田市内で製造されたものが運ばれてくるという。

内陸に残るなれずしの事例として新潟県南魚沼《みなみうおぬま》市入広瀬《いりひろせ》のホッケ鮓《ずし》がある。ホッケは日本列島では北海道周辺でしかとれない魚とされる。福島県只見《ただみ》町と隣接するこの地のホッケ鮓は、正月に食べるために秋頃からホッケと米を竹の笹で包んだものを板箱に並べ蓋をし、重しを載せて漬けこみ、三ヵ月後には発酵した鮓が完成する。江戸時代からの歴史があるという。ホッケは越後周辺の日本海で獲れるものではないため、越後に寄る北前船《きたまえぶね》によって運ばれた、塩をしたホッケが使われた可能性が高い。数ある魚の中でなぜホッケ鮓があるのか、その由来は不明であるが、内陸に残る遠い彼方から運ばれた魚の食文化として注目される。

図3　中国山地の夏場のシイラ（万作）

4　本州内陸でのシイラ利用

シイラを食べる地域　必ずしも全国的な魚の価値が一定しない雑魚《ざこ》ともいわれる魚の内陸での利用について、熱帯から温帯を回遊するシイラを取りあげ、各地の事例を歴史展開を踏まえながら紹介しよう。中国山地の広島県北広島町千代田、芸北《げいほく》地域では夏場にシイラの刺身がみられ、スーパーではお盆にシイラ（万作《まんさく》）の刺身を売り出す様子がみられた（図3）。島根県津和野《つわの》町の料理屋（「季節料理　とくまさ」島根県鹿足郡津和野町後田）のホームページ（二〇〇九年九月一五日記載）には「朝晩肌寒くなり、津和野もいよいよ本格的に秋の気配がしてきました。お店で使う食材もすっかり秋っぽくなりました。津和野ではこの時期「まんさく」というシイラのお刺身をよく食べます。私も大好きで、少し大きくなってきた柚子の酢を絞って食べます。津和野にお越しの際はぜひお試しください。」と書かれている。日本海沿岸では、九月に入ると漁場にシイラ（まんさく）が回遊し、この時期にその刺身を食べる習慣が定着している。この際、醤油に柚子の酢（果汁）をいれる。同様の食べ方として、鹿児島県甑島《こしきじま》でもシイラにスダチをかけることで味が引き締まり雑菌除去効果があるとされている。

ここで出てきたシイラ（*Coryphaena hippurus Linne*）は、体長が約五〇～二〇〇センチにもなる大型回遊性浮き魚で、この魚は日本近海には夏場に黒潮《くろしお》や対馬暖流《つしまだんりゅう》に乗って北上し（上りシイラ）、夏を過ぎると南下する（戻りシイラ）。一年中見られるが、群れをなして回遊するのはおよそ四月から一二月までとされる。シイラはハワイでマヒマヒ、アメリカでドラードと呼ばれ、高級魚としての位置づけもみられ、世界の熱帯から温帯に広く分布するが、日本におけるシイラの経済性は一般的に低く、マグロやカツオなどと異なり、現在では雑魚として扱われることが多い。昭和四〇～五〇年代頃までは日本海側においてシイラをターゲットにしたシイラ漬漁業《づけぎょぎょう》（シイラの習性にヒントを得てつくられた竹を束ねた浮き漁礁《ぎょしょう》を用いる漁）があったが、太平洋側では一部を除いてカツオ漁やマグロ漁の付随漁獲物として捕獲されるに過ぎなかった。つまり、シイラの利用とその価値は、太平洋側と日本海側とで大きな違いがあった。

図4　沖縄国頭宜名真のシイラの天日干し風景

冷蔵庫が普及する以前においてシイラは、身が薄く小骨も少ないことから、塩をした干物、燻製《くんせい》に加工しやすく、また本州日本海側では夏の魚であったが、この時期は魚が少なくなるため貴重なたんぱく源として重宝されていた。今でも沖縄県国頭村《くにがみ》宜名真《ぎなま》では秋から冬にかけて（一〇～一一月）集落の前海で獲れたシイラを三枚におろし、塩をして、ミーニシの風（北風）の天日に干す作業が沖縄の風物詩となっている（図4）。このシイラの干物は「フーヌイユ」（運のある魚）と呼ばれ、鮮魚の一〇～二〇倍の値段がついている。漁の開始時には大漁祈願の「いしのうがん」という伝統儀礼が行われ、シイラの口にトビイカを加えた煮つけが集落の御嶽《うたき》の石に奉納される。近年ではシイラ祭りも宜名真地区主催で行われ、地域おこしイベントとなっている。

シイラを食べる時期　ここからは、日本海側内陸部におけるシイラの用途をみていく。先に紹介した『日本水産製品誌』の「乾鱰」には、32ページでも述べたように、九州地方では祝膳に用いられる一方で山陰地方の農家には忌み嫌われるとあり、地域によってその価値に違いがあった。

その山陰沿岸から魚が入る中国山地におけるシイラ利用について取り上げる。岡山県苫田《とまた》郡奥津町（現鏡野《かがみの》町）羽出では第二次大戦直後まで倉吉《くらよし》などの伯耆《ほうき》商人が田代峠を越えてブリ、シイラを交易していたという。広島県安佐郡安古市《やすふるいち》町（現広島市安佐南区）の昭和三〇年代までのおもな魚食はサバ、アジ、万作（シイラ）の塩物、乾物で貴重品であり、広島県高田郡吉田町（現安芸高田市）では大正期まで石見《いわみ》からの塩万作が贅沢品で、秋祭り、正月用として貴重であった（橋村　二〇〇三）。広島県佐伯郡加計町（現安芸太田町）では昭和初期まで秋祭り（おくんち）の刺身は万作で、この祭りは別名が万作祭といわれていたという。広島県佐伯郡吉和《よしわ》村（現廿日市《はつかいち》市）では明治末か大正期まで秋に島根県浜田から三尺の塩万作（一円二〇銭）を買っていて、秋祭り、正月には万作鮓をつけたという。広島県山県《やまがた》郡大朝町（現北広島町）では大正一〇年頃まで秋に浜田の商人から買う塩万作が正月魚で、藁《わら》に巻いて吊るしたので「巻万作」と呼んだという。広島県山県郡芸北町（現北広島町）では秋以降、浜田から塩サバ、塩万作が入っていた。広島県双三《ふたみ》郡君田《きみた》村（現三次市）東入君では、大正期頃まで江の川の川船が三次で水揚げしていた石見の塩サバ、塩万作を利用していたという（橋村　二〇〇三）。

シイラの塩物は「万作正月」などと呼ばれ、正月などのハレの場で出される魚であり、現在でも先述のように山間部では夏場のシイラを刺身で食べている。これらの中国山地各地の例から、特に広島県の山間部ではシイラを「万作」と呼び、秋祭りや正月に万作の刺身や鮓、塩万作が使われ、特に加計《かけ》町では秋のおくんち祭りが「万作祭」と呼ばれていたことは注目される。

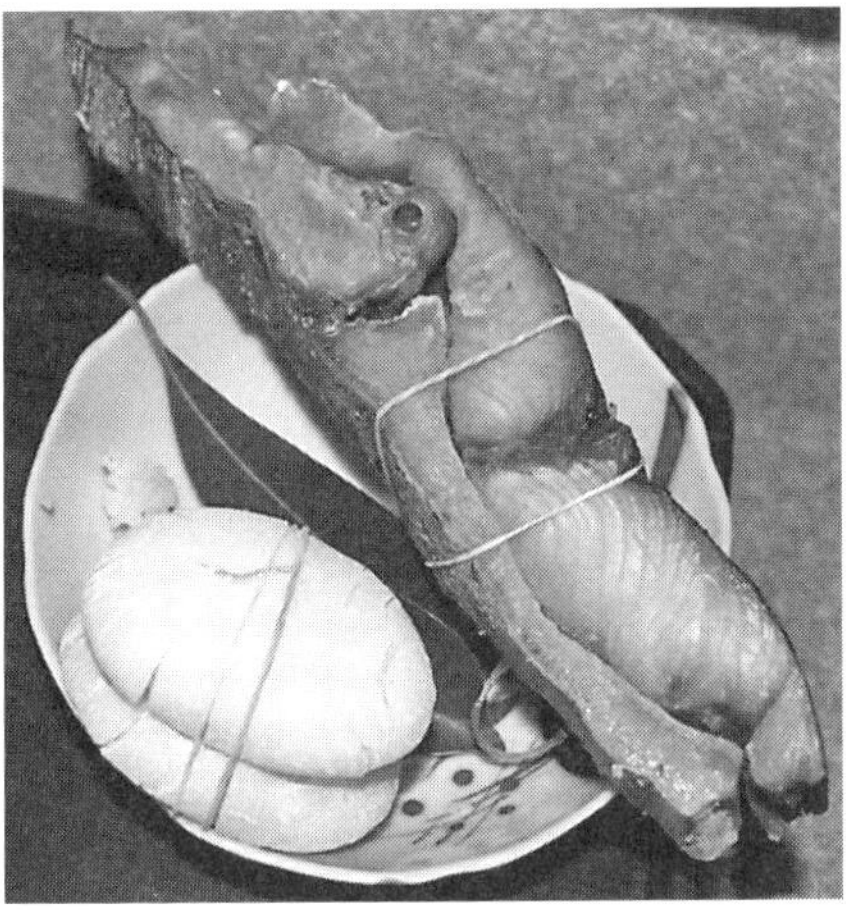

図５　正月に出されるシイラの雄形と雌形(福井県若狭町常神)

山間部である滋賀県高島市の朽木麻生《くつきあそう》では、普段サバは食べてもシイラを食べることはないが、正月の元旦だけは地区の若宮神社にシイラを奉納し、氏神から下げた後の「式包丁」を経て各家の主人がその切り身を食べ一年の無病息災を祈る。式包丁は当番の男性二人が真名箸《まなばし》と包丁のみで切る儀式で、この時はサバよりもシイラが重要な魚とされるが、それは大きな魚だからだという（矢野　一九八一）。似たような正月儀礼は沿岸部の若狭《わかさ》湾に面する福井県若狭町の常神《つねかみ》にも見られ、正月一日の歩射《ぶしゃ》神事の前にシイラが運ばれ「板の魚の儀」が行われ、シイラを俎板《まないた》に載せ真名箸と包丁を使って切り身にした雄形《おがた》と雌形《めがた》（骨付きが雄形）が各膳に配られる（図5）。朽木麻生、常神半島の正月のシイラ利用は、口伝によれば室町〜江戸期からあるとされ、なぜシイラなのかとの問いに住人は一番大きくて沿岸に寄ってくる獲りやすい魚だったことを挙げていた。

宮座儀式の中のシイラ　滋賀県各地で行われていた宮座《みやざ》の儀式では琵琶湖の魚のみならず海の魚もみられ、シイラ利用も散見される。滋賀県高島市今津生見《うみ》地区では、一九九二年（平成四）まで毎年一〇月九日に秋祭りとしてシイラ祭りが行われていた。近江国五個荘《ごかしょう》（現滋賀県東近江市）における一八二六年（文政九）九月「おとな入り」という宮座の儀礼で膳に並ぶ魚として、「するめ、棒たら、ぶり、しいら、塩さば」が出てくる（肥後　一九三八）。滋賀県蒲生《がもう》郡市邊《いちのべ》村（現東近江市）・平田村（現彦根市）の三津屋《みつや》神明社《しんめいしゃ》における昭和期以前の一〇月九日の当屋《とうや》の交代式では、その他の献立として鮭か鰤の切身が出されていたが、以前は「しいらといふ魚」に一定していたという。滋賀県坂田郡東黒田村（現米原市）大字志賀谷志賀《しが》神社年頭行事では、昭和初期二月一〇日に拂暁頭家《ふつぎょうとうや》で出される神膳（九日夜に男子の手により準備）に「御供《ごく》（蒸米）、汁　里芋親頭六ツ、蕪《かぶ》六ツ、牛蒡《ごぼう》一、上盛（平）青豆、焼豆腐二切一、皿煮昆布二切、干鮭一、鰭膾、福酒、鰣《しいら》二切、鱒《ます》二疋」とあり、シイラ二切れが出てくる（肥後　一九三八）。

各地の行事とシイラ　滋賀県日野町中山のいも比べ祭りでは（昭和四〇年代九月）、祭りの終盤にシイラの鰭酒《ひれざけ》が出されていた（坪井　一九八九）。滋賀県大津市田上では、旧暦一月九日の山の神祭りでシイラが出されていたが、現在は鮭に代わった。シイラは三重県産のものが来ていたという（橋村二〇一五）。京都府綴喜《つづき》郡田原村（現宇治田原町）高尾《こうのお》（山中の孤村で家が一七軒）の一〇月に行う祭り座は、「一名を『勝手座』とも称し、氏人が五名揃へば座を営む。神饌は、御神酒、御膳米（白飯と赤飯）、鯣《するめ》ナマス、しいら（四寸四方）、割大根（四片を積む）、豆腐（同乗）、莢豆《さやまめ》で、行司の手で調理し献供する。氏神「神明神社」大山祇命《おおやまずみのみこと》を祭る。神祭の役を行司という。」（井上　一九四三）とある。京都市左京区北白川宮の一一月北白川天神宮《きたしらかわてんじんぐう》「朝御饌の儀」では、高盛御供の上にシイラとトビウオをのせている。

長野県須坂市では江戸時代末期の商家の婚姻記録にシイラがみられる。「山下茂俊改俊明婚姻諸事留」に入る一八五九年（安政六）一一月二〇日の婚姻の儀の献立には「吸物　つけ仕立　海老／小皿九万疋／　押壽　たつくり　するめ　こんぶ」（須坂市博物館寄託山下文書）とあるように小皿に「九万疋（匹）」が出てくる。九万匹はシイラのことである。現在の須坂の魚屋での聞き取りによると、「シイラは市場に入ってくるが、この辺ではあまり食べない。魚の形を見て嫌う人が多い。夏場のおいしい魚だ。昔は日本海側から入っていたが、今では太平洋側のシイラが多いのでは」とのことで、シイ

図6　シイラとナスの煮びたし

図7　熊本市田崎魚市場に並ぶシイラの燻製

ラの食文化はほぼなくなっている。九州山地の熊本県山都《やまと》町馬見原《まみはら》では八月の火伏地蔵祭りの後に必ずシイラ（燻製）を食べていたという。この時季、熊本県熊本市の九月の藤崎宮《ふじさきぐう》大祭（馬踊りで有名）の頃はシイラの煮びたし（図6）を必ず食べていたという。シイラの燻製が市内の田崎魚市場などで並んでいる（図7）。このシイラは鹿児島県薩摩《さつま》川内《せんだい》市甑島で製造されたものも多かった。

日本海側では日常の消費のほかに正月行事でのカミへの供物などさまざまな利用が見られた。とくにシイラをハレの行事で用いていた地域は中国山地と近畿地方内陸部の滋賀県などであった。他方で山陰沿岸地域では『日本水産製品誌』に祝賀での利用を忌むとあるのと関連するのか、ハレの行事で用いるような事例は見られなかった。その理由として、他に美味の魚が多数あることが考えられる。中国山地をはじめとした山間部でシイラが好まれてきた背景には、この地域において冷蔵庫が普及する以前、塩シイラや干シイラが流通、保存に適し、重宝されていたことが推測される。内陸部以外の沿岸部でシイラを正月に出す地域は、福井県若狭町三方の常神半島の臨海村、鹿児島県奄美《あまみ》大島《おおしま》（西海岸の集落の正月）などでみられる。

前近代のシイラ利用　中世末期から江戸時代には、シイラは支配者への献上品、カミへの供物としても重用されていた。中世末期の若狭では、誕生祝にシイラが出されていた。江戸時代の薩摩の坊津《ぼうのつ》では、八朔《はっさく》の際に地方から藩主への献上魚となり、天保期（一九世紀前半）の鹿児島城下の武士の生活を書いた文献（『鹿児島ぶり』）には、結納の時にシイラのつがいを供えたと記されており、縁起のいい魚と認識されていた。

一五八八年（天正一六）、豊臣秀吉が同年に建造した聚楽第《じゅらくてい》へ後陽成《ごようぜい》天皇の行幸《ぎょうこう》を仰いだ際の二日目の献立六献に「くま引」（シイラのこと）の記載がある。大坂の石山本願寺《いしやまほんがんじ》の記録では、一五三七年（天文六）正月一三日「初献に「ふゑん」の鯛の肴、くみつけ〈右に海老二わり、左に熊引（シイラのこと）〉」（『石山本願寺日記』「証如上人日記」）とある。

このように、シイラは、西日本を中心に戦国期頃から日本の各地で「縁起のいい魚」や「ハレの魚」として利用されていた特別な魚の一つであり、その文化的重要性は、内陸の中国山地や滋賀県、京都府、長野県の一部にみられた。これらの地域では古くからシイラが捕獲される漁場と、そこから遠く離れた内陸部を結ぶシイラの流通ネットワークが存在してきたことがわかるだろう。シイラがただの「雑魚」ではなかったことが、ここからも明らかだ。

日本海側と太平洋側のちがい　日本海側での積極的なシイラ利用が多いのに対し、太平洋側では宮崎、高知や和歌山、静岡、三陸地方を除いて積極的に利用されないことも確かだ。では、この違いはどうして生じたのか。新潟県佐渡島《さどがしま》の佐渡市相川町姫津の旅館経営者によると（二〇一一年一〇月調査）、佐渡周辺において夏から秋にかけて獲れるシイラは脂がのって美味で、好まれていたという。しかし、昭和五〇年代の半ばに日本海のシイラが不漁だった際に、太平洋のシイラを購入したところ淡白でまずかったという。また一九八五年七月二四日放映のNHK衛星第一（BS1）の番組「にっぽん列島朝いちばん　佐渡へ佐渡へさわやか巡礼3　海流が島へ伝えたシイラづけ漁」のなかで、姫津のシイラ漬漁業者の森川氏は、アナウンサーの「シイラはあまりおいしくない魚では」との問いに対し、憤慨しながら、佐渡沖の日本海で獲れたシイラは絶品であること、太平洋と日本海では同じシイラでも全く異なることを話されていた。これらのことは、シイラにも日本海産と太平洋産で違いがあり、その評価は日本海側が大きく勝っていたことを示している。

現在、シイラ漬木を用いた漁業は日本海側では島根県大田市と東シナ海の長崎県（五島、小値賀《おぢか》、対馬）、熊本県、そして沖縄県に残るのみである。そのため、シイラを好む中国山地や新潟等の業者は、日本海のシイラではなくて、広島市場や名古屋市場に入る太平洋の沖縄、宮崎、三重の沖合でマグロやカツオの漁業で付随的に獲れたシイラを購入して消費者に提供している。消費者からすると日本海の秋口の脂ののったシイラを食べたい願望もあるが、温暖化や漁業者の減少などの問題もあってそれは叶わなくなっている。それでも魚の流通販売に関わる人々によって太平洋のシイラが提供されている。漁場が変わり、より遠隔地となっても、地域に根付いた魚食文化は、その流通形態の進化もあって維持されているのである。ここには、日本のシイラ利用をめぐる新たな流通ネットワークのあり方を見いだせよう。

一般的にシイラは、必ずしも美味とはいえない魚とみなされているが、日本の中国地方や近畿地方の一部の山地などではハレの日に出す特別な魚でもあった。そこには沿岸部との流通ネットワークにより、塩魚としてこの外洋魚が頻繁に運ばれていたという歴史的背景があった。シイラはもともと各地でそれなりに価値ある魚として利用されてきたが、冷蔵技術の普及により、さまざまな魚の流通が可能となるにつれ、その食文化は急速に失われていった。しかし、日本においても一部の地域では、今でも根強くその食文化が維持されている。画一的な魚食文化が見直されるなかで、地域固有の魚食文化を知るには、ローカルレベルから地域レベル、そして国をこえるグローバルなレベルでの「地《じ》魚《ざかな》」「雑魚」の流通形態を歴史・民俗的な視点から読み直すことも必要なのではないか。

5　地魚としての塩干品と通年の刺身利用

沿岸部や都市部では、冷蔵庫の普及以降、刺身や鮮魚、活魚の魚食文化の普及にともない塩干品の消費は大きく減少した。しかし、都市部に多くみられた水産製品の乾物屋（大阪では大阪駅地下の各県の特産品売店スタンドなど）には、クジラ食、若狭の鯖のヘシコ、鰊《にしん》の粕漬け、山形県天童《てんどう》産のサンマの煮つけ、伊豆諸島のくさや、さつま揚げ……などが並び、地元から都市部に移り住んだ人々が故郷の味を懐かしんで通い、にぎわっていた。内陸では、塩魚、干し魚が今でも生きている。そこできかれるのは、歳を重ねても身体にしみついた食を欲する気持ちと行動である。こうした消費者の求めに応じて内陸の魚屋や都市部の乾物屋は塩干物の買い付け販売を続けてきた。健康食ブームもあって塩分の多い塩干品の利用は大幅に減り、個人経営の乾物屋や魚屋は急減している。しかし、そんななかで、伝統食ブーム、地産地消の動きのなかで燻製品、塩分を減らした塩干品の加工が静かなブームになりつつあるという。その担い手も小売店から地方の場合は道の駅、都会では各県のアンテナショップへと変化しつつあるといえる。塩干品の食文化が、刺身や寿司文化の陰で維持されていることはやはり看過できない問題であろう。

ともあれ、国内では、季節性を帯びた塩干品のような旬の食材から「オールシーズン」の「シーフード」へと変化するという食文化の流れがあることは否めない事実である。

食材としての魚の特性と、その魚の生物学的特徴とのかかわりに言及した岩井保は、春のマダイ、夏のカツオ、冬のトラフグというような日本の魚の旬が、漁船機能、冷凍設備、多様な漁法の向上、輸入魚の増加などで喪失し、四季に関係なく世界中からの魚を味わう機会が増えた一方で郷土の味として各地に存在する「旬の魚」を紹介している（岩井　二〇〇二）。これらの魚は外来者（観光客）へ出して喜ばれるものが多いが、その中には、その地域の人が購入してまで食べない、旅館や食堂で出されない魚もある。

本稿で取り上げた塩干物の事例を整理する。季節性からみると、「旬の食材」が元々の姿であったが、その旬も歴史的に変化している。高度経済成長期以降、冷蔵庫・冷凍庫の導入や養殖技術、国内移出、海外輸入などの流通網の整備にともなって「旬のない食材」が多く出てきたが、伝統的な加工による魚食も継続している。海産の塩干物の利用は、中国山地のシイラや塩辛、信州の塩丸いかなどのように、山間部に残り、生産地である沿岸部では消費者利用が減少している。また、地方から都市部に出た人々が故郷の味（へしこ、塩辛ほか）を求めて都市の乾物屋へ通っていた。この背景には、食を求め続ける人々の身体に刻み込まれた旬の味覚、故郷の象徴としての食への固執や思慕があるのではないか。

また、滋賀県朽木麻生の正月儀式で奉納されるシイラなどのように、今は日常の食用になっていない魚を儀式のみで利用する事例も各地でみられる。この場合でも、シイラが手に入りにくくなり、ブリ、サーモンなど他の魚に変化していくケースもある。現代において地域食材として塩干品が生産されている場合でも、沖縄のスクガラスがスク（アイゴ）の多くをフィリピン産に依存しているように、その地域外の国内外各地の素材が利用されている。これらは消費者や観光客が手にする商品に使われることが多いが、「地産地消」の製品は漁撈者の家庭や集落でみられる程度である。このように地域固有の伝統食材と思われがちな塩干品は、原料を地域間の移出、国境をこえたグローバルな移出に依拠している（秋道　二〇一六）。この背景には旬の食材、故郷の懐かしい味や健康食への志向、外国人客増加にともない和食が見直され伝統食を求める消費者が増えていることが挙げられるかもしれない。

参考文献

秋道智弥　二〇一六年『サンゴ礁に生きる海人』榕樹書林
市川健夫監修　一九八五年『信州の郷土食』銀河書房
井上頼寿　一九四〇年『京都古習志』館友神職会（のち一九八八年、臨川書店）
岩井　保　二〇〇二年『旬の魚はなぜうまい』岩波書店
片桐　学　二〇〇八年「信州の食文化」『信州短期大学紀要』二〇巻
神崎宣武　一九八五年『峠をこえた魚』福音館書店
篠田　統　一九七〇年『すしの本』柴田書店

渋沢敬三　一九四二～四四年『日本魚名集覧』第一～三部（のち一九七三年『日本常民生活資料叢書第三巻（水産篇二）』三一書房）
瀬川清子　一九五六年『食生活の歴史』大日本雄弁会講談社（のち二〇〇一年、講談社学術文庫）
高橋秀雄・白石昭臣編　一九九一年『祭礼行事　島根県』桜楓社
多紀保彦・奥谷喬司・武田正倫編　一九九九～二〇〇〇年『食材魚貝大百科』全四巻、平凡社
田中啓爾　一九五七年『塩および魚の移入路―鉄道開通前の内陸交通―』古今書院
坪井洋文　一九八九年『神道的神と民俗的神』未来社
中澤弥子・三田コト　二〇〇四年「長野県における「塩イカ」と「煮イカ」の食習慣の伝承と地域性」『日本家政学会誌』五五―一一
農商務省水産局編　一九三五年『日本水産製品誌』水産社
野村祐三　二〇〇五年『旬の地魚料理づくし』講談社
橋村　修　二〇〇三年「亜熱帯性回游魚シイラの利用をめぐる地域性と時代性―対馬暖流域を中心に―」『国立民族学博物館調査報告』四六
二〇一三年「日本列島周辺海域における回游魚シイラの漁業と利用」『国際常民文化研究叢書』二
畑江敬子　二〇〇五年『さしみの科学　おいしさのひみつ』成山堂書店
肥後和男　一九三八年『近江に於ける宮座の研究』東京文理科大学（のち一九九三年『肥後和男著作集第二期』教育出版センター）
福田裕・山澤正勝・岡﨑惠美子監修　二〇〇五年『全国水産加工品総覧』光琳

松下幸子　二〇〇九年『錦絵が語る江戸の食』遊子館
三輪勝利監修　一九八三年『水産加工品総覧』光琳
矢野憲一　一九八一年『魚の民俗』雄山閣出版
山梨県立博物館編　二〇〇八年『甲州食べもの紀行―山国の豊かな食文化―』山梨県立博物館
ＪＡ全農山口ホームページ　http://www.yc.zennoh.or.jp/voice/128/

コイ・フナ・アユ——暮らしに身近な淡水魚の魚食文化——

堀越昌子

1　淡水魚の分布と食文化

日本の淡水魚介類は、ユーラシア大陸起源のものが多い。日本列島は元々大陸とつながっていたが、日本海ができて切り離されて、陸封され、独自に進化を遂げていった。

日本はアジアモンスーン圏の北端に位置し、稲作ができる環境を有している。アジアモンスーン圏の特徴は、年間一〇〇〇ミリ以上の降水量があり、稲作ができるほど水が豊かであるということである。したがって、森林も豊かで、河川、湖沼など変化に富んだ水辺環境が多彩であり、多様な淡水魚介類が生息することができる。世界の淡水魚のおよそ半分は、このアジアモンスーン圏内に棲んでいるといわれており、日本の淡水魚もその一部を占めている。

図1　ナマズは友達

日本における淡水魚介類は、湖、内湖、ため池、河川、小川、水田など、稲作と関連した水環境を生息圏としていることが特徴としてあげられる。そして、人の食として「米と魚」の組み合わせが、アジアモンスーン圏内の食生活を特徴づける柱となってきた。この圏内で淡水魚介類の加工技術、保存法、料理法が高度に発展してきたことは、水に恵まれた圏内の淡水魚の多様さからもたらされたものといえる。

琵琶湖《びわこ》のフナ、ナマズなどは、生活環の中で、内湖や川を通じて、人為的環境である水田を産卵の場所として選び、湖沼と水田を行き来してきた。水田は魚介類の産卵場、稚魚のゆりかごとなり、魚たちの命を支えてきた。また逆に人々は、河川、湖沼、灌漑《かんがい》池、水田に入ってくる淡水魚介類を捕獲して食べることによって、命を支えられてきた。この共存関係は、日本の稲作地帯だけでなく、東南アジアから東アジアの各地で確認することができる。

東南アジアのメコン河は、中国から発して、ラオス、タイ、カンボジア、ベトナムを通って、南シナ海に至る雄大な河である。流域の農業、漁業を支え、人々の暮らしと食を守ってきた。カンボジアのトンレサップ湖は、メコン河の一部であり、世界で有数の淡水魚介類の宝庫である。トンレサップ湖周辺の人々は、季節によって満ち引きする水と共に暮らしており、大量の淡水魚を命の糧としていただき、魚醤《ぎょしょう》やナレズシにもする。この地域の人々の暮らしは、メコンなくしては成り立たない。

日本において、暮らしに最も身近な魚は、コイ、フナ、アユ、モロコ、ナマズ、ドジョウ、ウナギなど、生活圏近くの川やため池にいる淡水魚である（図1）。これらの魚は、日本のほぼどこでも確認することができる。子どもたちの遊び相手、魚獲りの対象となり、食卓に上って親しまれてきた。ここでは、人と淡水魚との関わりの中で、特に「食べる」という行為を中心に、人と淡水魚のつきあい方を探っていきたい。

2 琵琶湖の多様な環境と多様な魚の生活環

琵琶湖の淡水魚　琵琶湖は日本列島の中央部に位置しており、日本最大の淡水湖である。そこに棲む魚たちは八一種に上り、日本にいる淡水魚の大半が含まれている。琵琶湖は古代湖で四〇〇万年の歴史があり、琵琶湖固有種が一六種類いる。そのうち遺伝固有種が三種（ビワコオオナマズ、ゲンゴロウブナ、ワタカ）、琵琶湖で進化適応してきた初期固有種（ビワヒガイ、アブラヒガイ、スゴモロコなど）が一三種いる。琵琶湖は、日本を代表する淡水魚の多くが生息しており、ほぼ網羅しているということができる。琵琶湖・淀川《よどがわ》水系の河川には、おもにコイ目、ナマズ目などの淡水魚が生育し、アジア大陸と密接な類縁関係にある。特にコイ、フナ、モロコ、ニゴイ、ヒガイなど、西日本一帯にいるコイ科魚類が多い。瀬田《せた》川、宇治《うじ》川には、ハス、ワタカ、ニゴロブナ、ビワコオオナマズなど、琵琶湖の魚たちが目立つ。

多様な生息環境　琵琶湖には多様な淡水魚が生息している。その理由は、多様な生育環境があることと関連している。琵琶湖は最も深い箇所で一〇〇《メートル》あり、水温の温度域が広い。沖合深層の水温は七度前後である。低温を好むビワマスなど冷水性サケ科の魚がこの深層に棲んでいる。一方、温かいところを好むアユ、ハス、ワタカなどの温水性の魚たちは、湖面の表層近くや内湖に棲んでいる。温度域が広いことが琵琶湖の魚の多様性を支えている第一の要因である。

第二の要因は、魚の生息場所が多様であることで、琵琶湖とその周辺部には、砂地、泥地、岩礁地帯など多様な環境が存在している。琵琶湖の魚たちは、湖の沖や沿岸部だけでなく、内湖、川、沼、灌漑水路などの集水域でも過ごしている。また湖の沖合にいる魚も産卵期には、河川、内湖、水田に上る魚が多い。湖岸のヨシ帯や水田は、内湖に生息する魚だけでなく、沖合の魚たちにとっての産卵場所、稚魚の生育の場として重要な役割を果たしている。

特に滋賀県は昔からの米どころであり、琵琶湖の周囲は水田が広がっている。湖岸はクリーク地帯が多く、魚たちは水田も生活圏のひとつとして利用してきた。魚たちは、餌となるプランクトンや草、水生昆虫などの供給を内湖、川、クリーク、水田に頼っており、稲作農業と強い関わりを持ってきた。

また水田が魚たちに産卵場所として選ばれて、「稚魚のゆりかご」になっていることは注目に値する。ナマズやフナが五月末から六月にかけて、大雨の後に、田植えした水田に、湖から上ってくることは、今でも湖西にある大津市の志賀《しが》や比良《ひら》、高島市の針江《はりえ》の水田で確認することができる。川を上ってきた魚が水田に入れるように、魚道を設置している地域もある。

第三の多様性の要因は、大きな湖であることで、プランクトン、水生植物、底生動物など湖魚間の食物連鎖網が築かれていることがあげられる。湖、内湖、川、クリーク、水田域を含めた大きな水系域で、互いに網目状につながって、命を支えあっている。ビワマス、ハス、ウナギ、ナマズは魚食性で、エビ、コアユ、ウロリなどを食べている。雑食性の魚には、ワタカやギンブナ、ウグイ、タナゴ類がいて、藻、草などを食べ、草食性の魚は、コイ、ゲンゴロウブナ、コアユなどがいて、植物プランクトン、藻、水草を食べている。動物プランクトンを食べているのは、ニゴロブナ、イサザ、ホンモロコなどで、水生昆虫なども食べている。琵琶湖とその集水域では、四季ごとに、餌になるプランクトンや甲殻類、水生昆虫、植生が変化して、魚たちの食物網に影響を与え、生息域や登場時期に独自のサイクルが形成されている。

3　縄文人は何を食べていたか

琵琶湖の水の出口は、南部にある瀬田川で、宇治川、淀川を経て、大阪湾に流れ込んでいる。瀬田川河口の北で、縄文期の粟津《あわづ》湖底遺跡（大津市）が発見されている。その遺跡から九五〇〇年前、四五〇〇年前に湖辺に住んでいた人々が当時、何を食べていたかが明らかにされている。

滋賀県埋蔵文化財センターの報告を元に当時の食エネルギー構成を図2に示した。人々はシジミ、コイ、ナマズ、フナなどを食べていて、エネルギーベースで四〇％もの食を琵琶湖から得ていた。そのうちの半分をセタシジミが占めており、主要な食料であったことがわかっている。石山寺《いしやまでら》周辺の石山貝塚（大津市）でも、セタシジミの厚い貝塚層が確認されている。縄文期の遺跡で丸木舟が確認されており、漁労も行われていた。米原《まいばら》市の入江遺跡では舟や釣り針やヤスが出土されているし、安土の大中湖でも丸木舟が見つかっている。舟を繰り出して琵琶湖で漁をしていたことが明らかになっている。

琵琶湖周辺では、縄文期晩期の稲作遺跡が長浜市、栗東《りっとう》市などで確認されている。弥生時代の遺跡

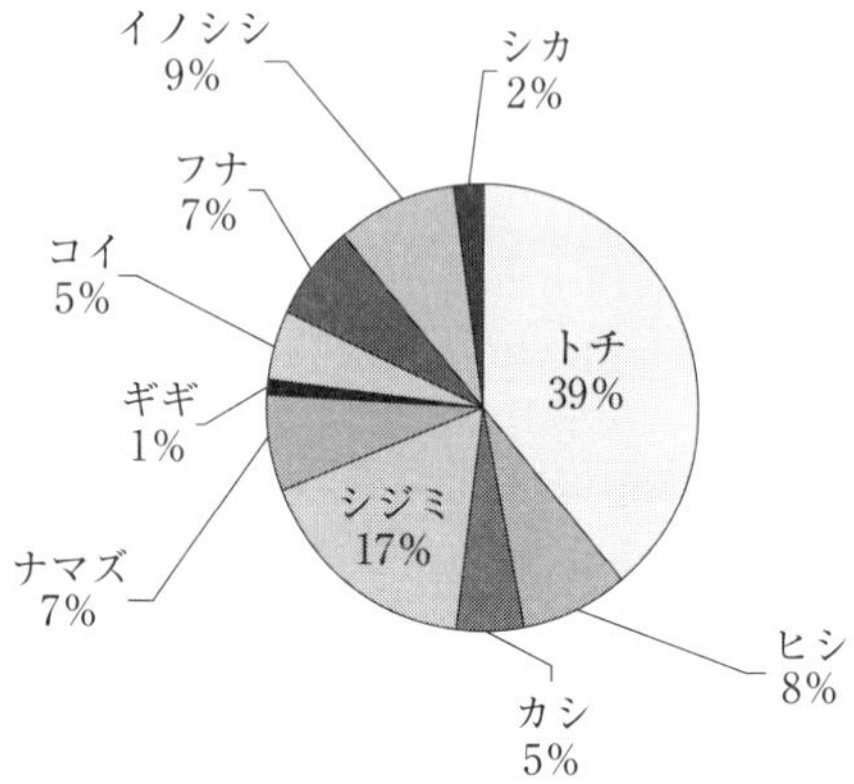

図2　縄文時代の食エネルギー構成

としては、守山市、近江八幡市《おうみはちまん》、高島市など、琵琶湖周辺でみつかっている。守山市の下之郷《しものごう》遺跡では、フナの咽頭骨が大量に発掘されており、フナズシなどが当時から作られていた可能性が示唆されている。

図3　琵琶湖のエリ漁での網上げ（滋賀県守山市）

4　半農半漁の零細漁業と待ちの漁法の発達

「待ちの漁法」　琵琶湖の漁業の基本は、大海相手の漁業と根本的に違っている。舟は夫婦二人乗りの小舟が多く、刺し網（コイト）、エリ（図3）、タツベ、ヤナなどを中心に、ねらった魚だけを漁獲する「待ちの漁法」が基本であった。

琵琶湖の周りに定住した人々は、農業をやりながら、魚獲りをする半農半漁の生業が多かった。「おかずとり漁業」ともいわれ、近辺の湖辺、内湖、沼池、灌漑水路での食べる分だけの小規模な漁業をやっていた。人々は魚の生

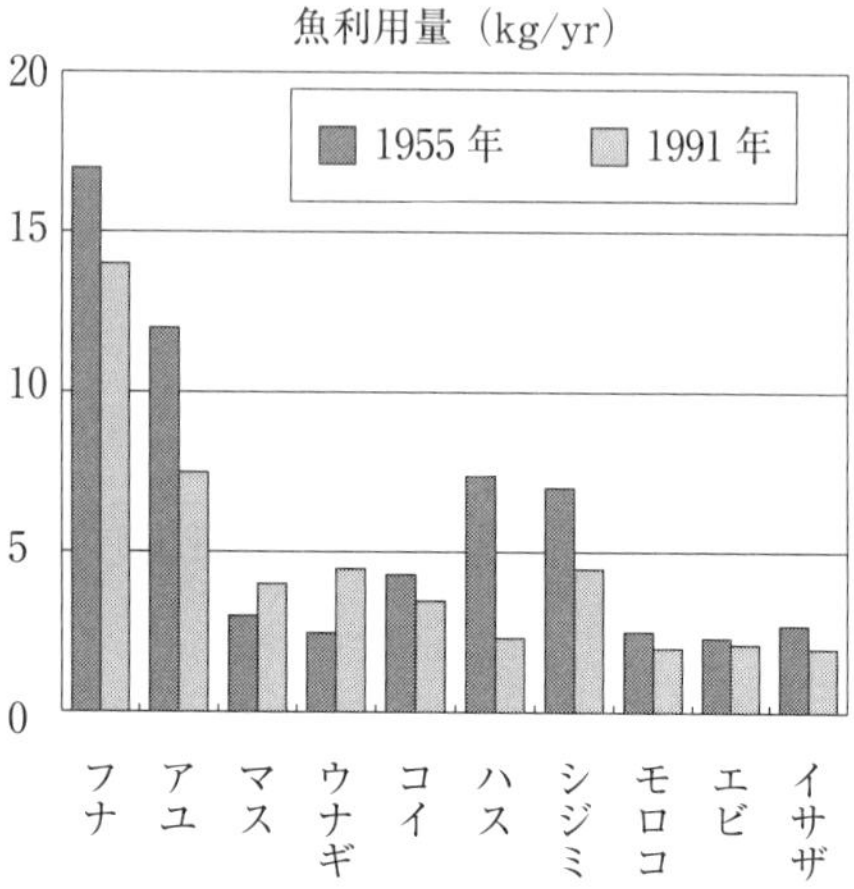

図4　姉川流域の魚介類利用（一戸当たりの年間消費量）

活環、行動サイクルを熟知して、エリ、タツベ、モンドリ（魚獲り用トラップ）、ヤナなどで漁労活動をしていた。琵琶湖特有の「待ちの漁法」が中心であったので、琵琶湖のスケールに合った再生産可能な獲り過ぎない方法が魚たちの資源を守ってきたともいえる。この漁労スタイルは、数千年前から昭和三〇年代まで維持されてきた。

行商のネットワーク　琵琶湖の魚は、おもに川魚屋で売られている。農村部のように川魚屋から遠い地域では、「棒手振《ぼてふ》り」「センバ」といわれる行商人ネットワークで、琵琶湖の魚介類が届けられた。琵琶湖の中で唯一、人が住む島である沖島《おきしま》はどの家も漁業に関わってきた。壮年男性は魚を獲り、女性と男性高齢者の多くは、魚の行商に携わってきた。対岸の近江八幡市、能登川《のとがわ》町（現東近江市）、彦根市、野洲《やす》市、石部《いしべ》町（現湖南市）まで、魚を売り歩いた。湖西の高島市では、北船木や今在家《いまざいけ》の魚揚げ場で魚を仕入れて、棒手振りが、リヤカーや自転車で川魚を売り歩いた。湖北の姉川《あねがわ》流域でも尾上《おのえ》、早崎、南浜で湖魚を仕入れて、自転車やリヤカーで行商する棒手振りが農村部を回っていたので、琵琶湖周辺の農家は、コアユやイサザ、エビ、シジミ、フナなどを季節ごとに食べることができた。生で購入した魚介は、山椒《さんしょう》炊きや生姜《しょうが》炊き、佃煮《つくだに》にする。琵琶湖周囲には、今でも生の湖魚を買って、煮つける文化が広範囲に残っており、湖岸域、農村域に住む人々の貴重なたんぱく質源となってきた。

長浜市の姉川流域の湖魚利用を一九九一年に調査した結果を図4に示した。年間最もよく利用されている魚種は、フナ、アユ、シジミであった。写真記録法で三日間の食事比較をしたところ、漁村部は農村部に比べると、湖魚利用度が高く、カルシウム、魚油の摂取量が有意に高く、琵琶湖に近いほどカルシウムなど栄養充足率が高く、山村部は低かった。また農村部でも行商圏内に入っている地域は、栄養状態がよいことがわかった。

5　日本の代表的な淡水魚——コイ・フナ・アユ——

コイは寿命が数十年と長く、淡水魚の王様ともいわれている。日本のコイは、日本列島起源のノゴイとユーラシア大陸起源のヤマトゴイの二種類がいて、全域に分布している。

アジア稲作圏では、水田の隅を掘った水たまりで、魚を飼う「稲田養殖」が多く認められる。中国の雲南省でも、コイ科の魚を中心に水田で養殖してきた歴史がある。コイは大きな魚であり、長生きするので、人に慕われ、ペットや家畜に近い存在として扱われてきた。また日本では、コイから金魚や錦鯉《にしきごい》（ヒゴイ）など観賞用の魚も開発されている。

図５　神社の鯉神饌（滋賀県長浜市）

コイと人の暮らし　琵琶湖、野洲川などでは、巨大なコイが確認されている。内湖でコイを獲る時は、コイタツベを仕掛け、瀬田川、野洲川などの大きな川では投網《とあみ》で獲ることが多い。

コイは人との付き合いが長い魚で、ご飯粒など台所の余り物を食べてくれるので、琵琶湖周辺部でも生簀《いけす》や川戸《かわと》、灌漑池などで飼われてきた。滋賀県の湖南から湖東にかけては、水田灌漑用のため池が多く存在する。現在は、琵琶湖からの揚水灌漑施設が整備されたので、ため池が減って、その存在が忘れられがちであるが、昔は田の灌漑水を河川に頼るしかなく、日照りの年には、深刻な水争いが起きた。そのために日野《ひの》川流域、野洲川流域では、灌漑用のため池がいたるところにあった。ため池には水をためているので、生き物の宝庫となり、そこにコイやフナの稚魚を放って、ため池養殖をしてきた。田植え時には水を使うので、ため池を干しあげて、村中総出で魚獲りをして、分け合って食べてきた。

コイは、家の池や生簀でも飼われており、ハレの日や大事な客が来た時のもてなし料理になって登場した。神社の祭りに供える生饌《せいせん》（煮炊きしていない神饌《しんせん》）は、コイが選ばれてきた。最近は生饌として、海産のタイが多くなってきているが、滋賀県の農村部の神社では、今でも生饌はコイである。祭りや行事の際のもてなし料理として、コイが筆頭にあがってくる。

コイの食べ方、鯉料理　年頭の豊作を祈る「オコナイ」の膳に鯉《こい》料理が登場することが多い。祭りには、鯉が生饌になり、直会《なおらい》で洗いの刺身やなます、鯉素麺《ぞうめん》、筒煮《つつに》になって登場する。淡水魚の代表であり、ごちそうの象徴として「鯉」の位置づけが高いことがわかる。

大津市瀬田の漁師の家では、コイが獲れたら、片身を洗いの刺身にして、骨のある片身は煮つけた。煮つけた汁を残しておき、次に鯉を煮つける時に再利用するとおいしく炊けるという。

図6　鯉の筒煮

鯉の筒煮：正月には、鯉の筒煮が定番で出され、豪華な一品である。端午の節句にも子供の成長を願って、鯉の筒煮で祝う。鱗《うろこ》と苦玉（胆嚢《たんのう》）だけを取って、ぶつ切りして鯉を煮つける（図6）。

鯉素麺：祭りの料理で、大鍋で鯉を煮つけ、その煮汁を素麺にからませて盛る。

鯉の洗い：鯉の刺身を氷水にさらして、こりこりした洗いに仕上げて、辛子酢味噌《からしすみそ》で食べる。祭りの生饌であるコイを洗いにして、直会で味わう。

鯉ずし：鱗を取り、三枚におろし、塩水で洗って三ヵ月位塩漬け（塩切）する。夏に塩切鯉をご飯で漬けて、四ヵ月以上発酵させ、鯉ずしにする。

フナはコイ科の魚で、ユーラシア大陸の寒帯から亜熱帯域に広く分布している。日本では、人の暮らしに近い魚の一つであり、湖、内湖、川、水田など、流れの緩やかな淡水域に生息している。フナは雑食性で、水草、貝類、昆虫類、甲殻類などを食べている。ゲンゴロウブナは、植物プランクトンを食べる琵琶湖固有種であるが、その系譜をひくヘラブナは、全国的に釣堀《つりぼり》で人気がある。鳥取市にある湖山池《こやまいけ》では、寒ブナの伝統漁「石がま漁」が知られている。池の中に石を積み上げて、竈《かまど》状のものを作り、入ったフナを突き棒でつついて、胴函（内部の捕獲装置）に追い込むという、冬場のフナの習性を利用したおもしろい漁である。この湖山池の寒ブナをもらい、フナズシに漬けてみたことがある。琵琶湖のフナと同じようにおいしく漬け上がった。

フナと人の暮らし　琵琶湖にはニゴロブナ、ゲンゴロウブナ、ギンブナの三種のフナがいる。前二種は琵琶湖の固有種である。ニゴロフナは、沖合の深いところを好み、動物プランクトンを食べて成長する。胴体が丸みをおびていて、丸ブナとも呼ばれている。味がよく、骨が柔らかいので、フナズシに最適な「すしいお」として人気がある。一月、二月の寒い時期からフナが獲れ出し、三月頃の子持ちを獲ることが多い。フナは、沖合にいることが多いが、産卵期には岸に寄ってきて、内湖や水田などに入って産卵をする。

一方、ゲンゴロウブナはおもに植物プランクトンを食べて育つ。背が盛りあがった平たい大きいフナである。沖合の水面近くに棲んでいて、フナズシにもするが、骨が少し硬いので、発酵に時間がかかり、大きなフナだと二年間漬ける。ゲンゴロウブナの刺身はくせがなく、おいしい。

ギンブナはヒワラとも呼ばれ、雄が少なく雌がほとんどを占めている。大きさが揃っているので、フナズシにするのは漬けやすい。ヒワラも刺身がおいしいので、子つけなますとして人気があり、他に煮つけや鮒味噌《ふなみそ》にもされる。

琵琶湖のフナは刺し網やエリ漁、フナタツベ、モンドリで獲る。フナの漁獲量は平成に入って、減少の一途をたどってきたが、稚魚放流などで、少し回復のきざしが見える。

稲作とフナ　フナはアジアモンスーン圏で発達した稲作と縁の深い魚で、昔はフナが産卵のために水田めがけて上って来た。その群れ寄せる様子はまるで、魚島のようで、「イオジマ」と呼ばれた。フナは水田を産卵と子育ての場に選んで入ってくるので、手づかみで大量にフナを獲ることができた。そのフナを塩漬けにし、土用の頃にご飯に漬けて発酵させ、フナズシにした。粟津貝塚遺跡（大津市）では、シジミとともにフナの骨がみつかっている。また既述のとおり守山市の遺跡では、水田跡からフナの咽頭骨が一緒に出土されている。数千年前からフナは、人の暮らしの周辺で生息し、人工的な環境も利用してきたことがわかる。

フナの食べ方、フナズシ

フナズシ：魚を米で漬け物にするというナレズシ加工法は、アジアモンスーン圏に特徴的な手法である。琵琶湖周辺部もその典型が認められる。魚が獲れ、米どころであるからこそ、米で魚のナレズシを仕込むことができた。琵琶湖の周りではなくてはならない保存食、行事食になっていった。ナレズシは、水田と漁業との結びつき、米と魚との結びつきを象徴するもので、人との強い結びつきがうかがえる。琵琶湖の魚は、大きい魚も小さい魚もナレズシにする。とりわけ、フナズシはその代表格で、正月、オコナイ、祭り行事には欠かせないごちそうとなる（図7）。とりわけ神社の祭りには、滋賀県ではナレズシが神饌として登場し、そのうちの八割近くをフナズシが占める。守山市幸津川《さづがわ》では、毎年五月五日にフナズシが神社の「すし切り祭り」（図8）に神饌として登場し、直会で食べられている。またフナズシは、客呼びの際の最高のもてなし料理として、位置づけられている。

鮒の子つけなます：フナの子持ちを刺身にして、卵をまぶして子つけなますにする。湖北地方では、春祭りによく出され、川魚屋の店頭でも売られている。卵膜を取り除き、さっと塩ゆでして、布巾でしっかり水気を取って、刺身にまぶす（図9）。

図7　フナズシ

図8　すし切り祭りの神饌「ふなずし」(滋賀県守山市)

図9　鮒の子つけ

鮒のあら汁：子つけなますにした後のフナのあらを味噌汁にした「鮒のあら汁」は、祭りの時のごちそうになる。また出産後の栄養補給にもよいと言われて、食べられてきた。身体が温まり、ほっとする味である。

鮒味噌（鮒の煮つけ）：小ブナは、「がんぞ」と呼ばれ、昭和四〇年代までは川や内湖にいっぱいいた。小ブナの甘露煮《かんろに》は、正月のお節用や行事によく煮つけられた。白焼きして、番茶と酢、酒で二時間ほど煮てから砂糖、醬油で煮詰めていくと、骨も軟らかくなり、丸ごと食べることができる。鮒味噌は、番茶と味噌でじっくり時間をかけて煮込み、骨まで軟らかくした煮物である。

アユは、アジアでは温帯域に生息し、日本のほぼ全域に分布している。川や湖で生まれ、海で稚魚期を過ごす回遊型アユと、淡水域でもっぱら暮らす陸封《りくふう》アユがいる。幼少期は動物プランクトンを食べ、その後、動物質と植物質のエサを食べて大きくなり、成魚になってからは、付着性藻類を食べる。川に上ると縄張りを持つことがアユの大きな特徴である。全国の渓流では、アユを放流しているところが多く、秋、二〇チセン級に育ったアユの塩焼きが人気である。アユ独特の香りとほのかな苦みを楽しめる。岐阜県の長良《ながら》川では、毎年五月から一〇月までなされる「鵜飼《うかい》」のアユ漁が有名である。この鵜飼漁は中国にもあるが、日本でも一三〇〇年以上の歴史があるとされている。

琵琶湖のアユ　琵琶湖漁業の稼ぎ頭は、何といってもアユである。琵琶湖のアユ稚魚は、大正時代の頃から「アユ苗」として、全国の河川に出荷され、放流されてきた。日本全国に琵琶湖のアユの子孫がいることになる。

琵琶湖のアユは、多くが川に上らず、琵琶湖の中で過ごし、餌の関係で体長が一〇センチ以上にはならないので、コアユと呼ばれている。コアユは年魚で、夏の終わりから秋にかけて（八〜一一月）に川に上ってきて産卵する。産み付けられた卵は、一〇日から二週間ほどで孵化《ふか》して、また琵琶湖へ下り、琵琶湖沖で過ごす。一二月から一月にはアユの稚魚である氷魚《ひうお》が獲れる。五センチ以上になったら、刺し網でも獲れるようになる。四月になるとアユは、沖から河口に寄ってくる。アユは、ハス、マス、ウナギの餌になっており、アユが移動するとそれを追いかけて、ハスやマスが移動する。アユが不漁だとビワマス、ハス、ウナギも不漁になってしまう。琵琶湖の年間漁獲量はアユがトップで、現在およそ一〇〇〇トンで、琵琶湖漁業を支えている存在である。

図10　安曇川のヤナでアユ漁

アユは、小糸刺し網漁や沖すくい網、ヤナ、エリで漁獲される。小糸刺し網漁では、夜中の一二時頃に網を張りに行き、三時頃魚を曳き上げる。エリでもたくさん獲れる。ヤナは安曇川《あどがわ》、姉川河口に設置されていて、川に上ってくるアユをカットリに追い込んで獲る（図10）。琵琶湖独特の「追いさで漁」もある。

アユの食べ方

氷魚：一二月から三月にかけて獲れるアユの氷魚は珍味で、釜あげして、二杯酢《にはいず》か酢味噌で食べる。ふんわりと軟らかく、アユ特有のかすかな苦みがあり、絶品である。

鮎《あゆ》の佃煮：琵琶湖の周辺で、最もよく食べられているのが、鮎の佃煮である。農村部でも棒手振り行商で、生のコアユが手に入ったので、どこの家でも山椒や生姜、梅干しと一緒にアユを煮つけた（図11）。それぞれの家の好む味付けで食べられ、琵琶湖周辺の故郷の味の代表格である。川魚店で売られている佃煮は、味付けが濃く、飴《あめ》も入っていて硬いため、保存性は高いが、家で炊く場合はもっとあっさりと山椒や生姜などと煮つけることが多い。

干し鮎：昔はコアユが大量に獲れたので、干しておやつにした。安曇川河口の高島市安曇川町北船木では、一月、二月の寒いうちに獲れたアユをさっとゆでて、むしろの上で、干しあげて保存した。大漁の翌日にはよく雨が降ったが、濡らしてしまうと腐るので、急いで火でホイロ（加熱乾燥）して乾かした。これをおやつ、おかず、ダシジャコにした。唐辛子や野菜と一緒に煮物にもした。干し鮎に醤油と湯を注いで「センバ汁」にもできる。五月の祭りには、干し鮎を作って配ったが、五月の鮎は脂が多く、干しにくく長持ちはせず、冬場の方が干し鮎にしやすかった。

鮎の天ぷら：鮎の天ぷらは、人気メニューで、産地直売の店や道の駅で売られている。身が軟らかく、ほんのりとした苦みが若者にも好まれている。

鮎のナレズシ：湖北の高時《たかとき》川流域で漬けられている。九月頃に川に上ってくるアユを投網で獲って、塩押ししておく。一一月～一二月に塩切り鮎を洗って、干し、五合のご飯に一〇〇尾くらいの割合で漬ける。ご飯には塩は入れずに漬ける。鮎のナレズシは、生ナレズシの一種であり、食べたい時に合わせて漬ける。

鮎のへしこ：これも湖北の高時川流域の木之本《きのもと》町川合《かわい》でのみ、見られる加工法で、塩切りしておいたアユを米糠《こめぬか》と唐辛子で漬けておき、一二月、正月に食べる。

鮎の塩焼き：獲れたての川アユを塩焼きにして、たで酢（蓼《たで》の葉をすりつぶし、酢と合わせたもの）で食べる。アユのほろ苦さがおいしい。ひれにしっかり塩をしてから焼くと、身

図11　鮎の山椒煮

が崩れない。

鮎の背ごし：アユを骨ごと小口から細かく刻み、背ごしにする。どろ酢（からし酢味噌）で食べるとおいしい。

鮎とキュウリの酢の物：伊吹《いぶき》山裾野の村では、昭和四〇年頃までは琵琶湖から遠く離れているが、アユが川を上ってきた。獲れたアユを三枚におろし、わたを除き、一チセン《チセン》位にカットして、酢味噌に浸ける。キュウリは薄くスライスして、塩もみして絞り、鮎を一緒に和《あ》えて、山村のごちそうとなったとのことである。

6　多様な魚食文化

ウナギの分布と特徴　高知県四万十《しまんと》川の河口で毎年一月寒の頃に行われるシラスウナギ漁は有名である。集魚灯をともした漁船が体長五チセン《チセン》ほどのシラスウナギを灯りで誘って、網ですくいあげる。月の出ていない闇夜が一番よく獲れ、捕獲されたシラスは、放流や養殖用に出荷されている。養殖では、静岡県の浜名湖《はまなこ》が有名で、一〇〇年余の歴史がある。シラスが浜名湖に遡上してくるので、浜名湖では、早くから養殖技術が確立された。

利根川流域の小川では、子どもたちが川をせき止めた「くみっけ」で、魚つかみをした。ウナギが獲れたら大収穫で、それは必ずガキ大将のものになり、下っ端は雑魚《ざこ》だけをもらって帰ったという。

琵琶湖でもウナギが獲れる。昭和三九年までは大阪湾からシラス稚魚が琵琶湖まで上ってきていたので、延縄《はえなわ》漁や竹筒漁で獲ることができた。今では天ヶ瀬《あまがせ》ダムがあるために上ってこられなくなり、漁業協同組合が年間一トンほどのシラス稚魚を放流してきた。沖島（近江八幡市）、米原市などでは、ウナギを狙った漁がなされている。沖島では延縄漁が多い。米原市の天野川近くの漁師は、竹筒三個を縛ったものを使っている。一〇対ほど持っていて、それでウナギ漁をしている。餌には筒の中にシジミを割って入れるという。ウナギが筒に入ったら、昼間に、そうっと脅かさないように引き上げる。腕くらいの大きなウナギが獲れることがある。

ウナギの食べ方の代表は、かば焼きである。さばいて白焼きにしてから、たれを塗る。鰻の柳川《やながわ》鍋は、下煮したささがき牛蒡《ごぼう》の上に、たれで焼いたウナギを二チセン幅に切って並べ、溶いた卵をかけて蒸らし、青ネギを振り、粉山椒をかけて食べる。琵琶湖周辺では、牛肉の代わりにウナギを使って、鰻のじゅんじゅん鍋（すき焼き）にする。牛蒡のささがきとネギをたっぷり入れて、だし鍋にすると、あっさりとした鰻のおいしさが味わえる。

モロコの分布と特徴　モロコは河川、湖にいて、全国的に分布している。小川の瓶つけ（瓶かペットボトルで作る捕獲罠《わな》）でもよく獲れたので、農村部でも食卓に上り、最も身近な魚といえる。瓶つけの餌には、糠・味噌などが使われた。

琵琶湖水系には、スゴモロコ、タモロコ、デメモロコ、ホンモロコがいる。特においしいと有名なのが、琵琶湖固有種のホンモロコである（図12）。ホンモロコは動物プランクトンや水生昆虫を食べており、骨が軟らかくて、モロコの中で最もおいしいといわれる。ホンモロコは京都の料亭に高値で売れ、人気のある魚である。湖岸の柳の根っこに集まってきて、卵を産みつける習性がある。琵琶湖では、沖島北方の愛知川《えちがわ》河口辺りでよく獲れている。昨今は漁獲量が減っているので、草津市などで水田養殖もされている。

図12　琵琶湖固有種のホンモロコ

図13　ホンモロコの素焼き

四月の祭りには、滋賀の各地で、子持ちのホンモロコの煮つけがごちそうとして出される。琵琶湖漁師の醍醐味の一つにあげられるのが、ホンモロコの素焼きである（図13）。塩味だけでもホンモロコのおいしさを味わうことができる。

ハスの分布と特徴　ハスは琵琶湖・淀川水系と福井県の三方五湖《みかたごこ》に限られていたが、最近では各地に広がり、関東や中国地方、九州などにも分布するようになっている。幼魚のうちはオイカワに似ている。オスは骨が硬く、背ごし（車切り）にするのはメスの方だけである。大きくなると、銀白色でピカピカ光り、きれいな魚である。

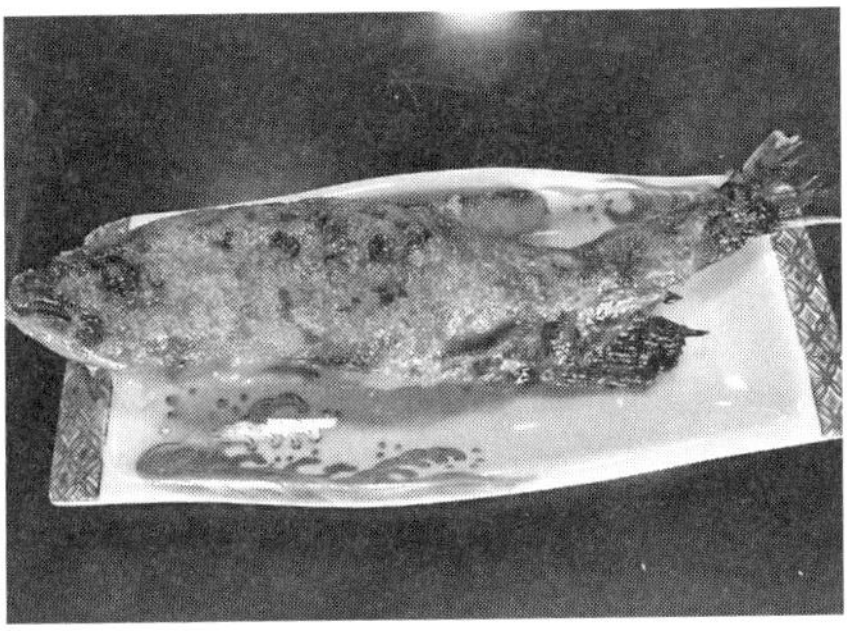

図14　ハス魚田

ハスは冬場、琵琶湖沖合で暮らしている。肉食性でコアユやゴリなどを捕食し、四月にはアユを追って、沿岸に帰ってくる。子バスは、ハスっことも呼ばれ、煮つけやメズシ（小さいハスやオイカワのナレズシのこと）に利用される。三年物はかなり大きくなり、高島市マキノ町知内浜《ちないはま》では、七月の唐崎神社の祭りで登場する。塩焼きハスが神饌として出され、直会ではハスズシ（大きいハスのナレズシ）を必ず食べる。

米原の天野川河口域はハス漁で有名な場所で、小糸で獲る。幅七〇センチで長さ八〇メートルの刺し網を天野川の堤防二〇〜三〇メートル沖に、鉄棒

図15　祭りのハスズシ（高島市マキノ町知内浜）

と浮子で支えて張る。夕方網を張って、翌朝の四時頃に曳きあげる。ハスは五月から六月が最盛期でおいしい。七月になると骨が硬くなってしまうが、七月いっぱい漁をする。モンドリは小さくてもハスがいっぱい入った。雄はピンク色を帯びる。ハスは雌雄比率が一対九で雄が圧倒的に多い。ハスの塩焼きやハス魚田《ぎょでん》（魚の田楽。図14）には雄のハスを使う。天野川河口にある料理店「やまに」は、ハス料理の専門店で、魚田や雌のハスの背ごしが食べられる。

安曇川町（現高島市）北船木のハス漁は、かつて初夏の風物詩であった。ハスを追い込んで、御簾《みす》に飛び込ませる漁で、昭和四五年頃まで行われていた。川下から網を曳きながら、「ほうらワッショイ、ワッショイ」と大声をあげ、水面をたたいてハスを追い上げた後に一斉に投網を入れて、ハスを獲った。ハスは塩焼き、刺身、醤油焼きにして食べた。またナレズシの材料にもなったので、遠くから買い付けに来る船があった。他に志賀町（現大津市）の雄松崎《おまつざき》のハス漁も有名である。

湖西の高島市マキノ町の知内浜では、唐崎神社の祭りの直会に、ハスのナレズシが登場する（図15）。湖南の野洲市や草津市では、メズシの材料として、小さいハスを背開きにして塩切してから、ご飯と

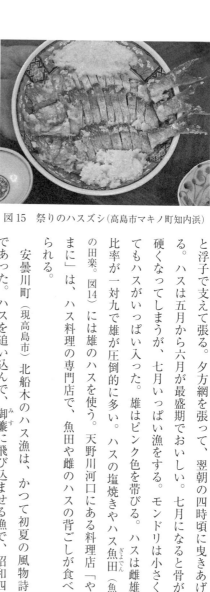

一緒に発酵させ、生ナレズシにして食べている。

ウグイの分布と特徴　ウグイは沖縄を除いて、全国に分布するコイ科の魚で、琵琶湖では三〇チセン位まで大きくなる。繁殖期には雄雌ともに鮮やかな朱色の線が目立ってくる。湖だけでなく、川の上流から下流まで分布し、食性は雑食で、昆虫やコケ、小さな魚、魚の卵などを捕食する。繁殖期は春から夏にかけてで、川の浅瀬で比較的流れの緩やかな場所で産卵する。ウグイは、一生を河川で過ごす淡水型と海に出る降海型がいる。

琵琶湖では春先に獲ることが多く（図16、17）、煮つけやナレズシにされる。高価な魚ではないので、日常食に登場する。瀬田川では、川底に何個か石を固めて置いておくと、五月から六月にウグイが産卵にやって来るので、それを投網で獲った。安曇川の高島市北船木

図16　ウグイ

図17　姉川のウグイ漁

では、ウグイが獲れるころに、男性が食事当番をして、ウグイのぶつ切り醬油飯をよく炊いた。ネギを入れて、少し焦げるくらいがとてもおいしいということであった。

フナの漁獲量が減ってから、高価なフナズシを漬ける代わりに、ウグイのナレズシを漬けるようになった家が最近では多くなっている。フナと同じで、鱗、エラ、内臓を除いて塩漬けにしておき、土用になってから本漬けし、一〇月以降に食べる。湖西にある高島市マキノ町上開田《かみかいで》では、四月の祭りにウグイのナレズシをつくって、神饌にする。四月の一ヵ月弱の発酵期間であるが、神社に供えてから、直会で食べる。

ビワマスの分布と特徴　ビワマスはサケ科に属する淡水魚で、琵琶湖固有種であり、琵琶湖を代表するおいしい魚のひとつである。刺身はサーモンに似ているが、もっと軟らかく、深みがある味である。琵琶湖沖合低層部の冷水層に生息している。三月から初夏までは脂がのっておいしい。九月に入ると、雨が降った新月の頃、群れをなして河川を遡上してくる。琵琶湖周囲の河川に産卵に上ってくるのである。秋の雨の後に獲れるので、「アメノウオ」と呼ばれている。安曇川では、毎年一〇月に湖から産卵に上ってくるビワマスを捕えて、採卵している。滋賀県の漁業協同組合では、ビワマス資源を守るために、魚卵を人工孵化して、しばらく育ててから、琵琶湖に稚魚を放流している。

米原市の醒ヶ井《さめがい》には、ニジマスの養殖場がある。明治時代にビワマスの養殖を目指して施設が建てられたが、ビワマスは敏感すぎて養殖に向かず、成功しなかったので、外来のニジマス養殖を長年行っていた。一〇〇年後の平成に入ってから、ビワマスの養殖技術が確立され、現在ではあちこちで養殖され、ビワマスが市場に出回るようになった。

すでに述べたように、三月から五月頃のビワマスは、脂がのっているので、刺身がおいしく、琵琶湖のトロといわれている(図18)。ビワマスの炊込みご飯である「あめのいおご飯」(図19)は、滋賀県の食文化財の一つに指定されている。昔は大鍋で一尾を豪快に炊き上げた。

ビワマスもナレズシにする。大きな魚なので、三枚におろすか、背開きにして、塩押ししておく。

図18　びわます刺身

図19　あめのいおご飯(ビワマスの炊込みご飯)

身が軟らかく、下手すると溶けてしまうので、しっかり塩押しすることが大事である。一〇月に入ってから、片身を五ミリ位の切身にして、麴入ご飯と生姜で四〇日間、発酵させる。結婚式や正月、客呼びの日に合わせて仕込む。フナズシと違って、甘く仕上がり、子どもや女性にも好まれるナレズシである。

イサザの分布と特徴　イサザはハゼ科の魚で、琵琶湖に適応した固有種である。ふだんは琵琶湖の深場にいる。頭が大きくて、ひょうきんな顔をしており、湖北や湖西の故郷の味としても愛されている。動物プランクトン、ヨコエビ、水生昆虫などを食べていて、味がよい。琵琶湖北部で冬場から三月いっぱいまで獲れる。しかしイサザは豊漁期が続いた後、ほとんど獲れない不漁期が五年位の周期でやってくる。ゴリやヨシノボリは、同じハゼ科でイサザの仲間である。

図20　いさざ豆

イサザは大豆と相性がよく、湖北ではいさざ豆にして、好んで食べられている（図20）。旨味があるので、湖北、湖西では、冬場のすき焼きの材料にされる。湖北の長浜市尾上や安曇川の高島市北船木では、ネギ、牛蒡のささがき、キノコ、豆腐などをたっぷり入れて、いさざのじゅんじゅんにする。

ワカサギの分布と特徴　ワカサギは霞ケ浦《かすみがうら》（茨城県）の帆かけ舟漁が有名である。琵琶湖ではワカサギは元々生息していなかったが、平成に入ってから、かなり漁獲できるようになり、川魚屋でも並ぶようになった。琵琶湖の北部にある余呉湖《よごこ》は、近畿屈指のワカサギ釣り場として有名であり、そこから琵琶湖に下りてきて、繁殖したとされている。

琵琶湖周辺でのワカサギの食べ方は、フライ、天ぷら、南蛮《なんばん》漬け、佃煮である。春から夏にかけては、コアユのシーズンで、それに続いて、秋にワカサギが獲れるようになる。一二月から三月の冬場は、イサザが獲れるので、一年間通して、コアユ、ワカサギ、イサザの琵琶湖の恵みが手に入る。

シジミ　日本で食用にされているシジミは、ヤマトシジミ、マシジミ、セタシジミで、中でも島根県の宍道湖《しんじこ》、青森県の十三湖《じゅうさんこ》のヤマトシジミが有名である。三重県の木曽川河口でも汽水域で、ヤマトシジミが大量に獲れる。淡水の河川や湖には、マシジミがいて、琵琶湖では、マシジミとセタシジミがいる。セタシジミは琵琶湖の固有種で、縄文時代から人々の糧となってきた。現在は残念ながら、セタシジミの資源量は激減してしまったが、昭和五〇年頃までは、野洲（現野洲市）、沖島（現近江八幡市）、近江八幡（現近江八幡市）、堅田《かたた》（現大津市）付近の漁師は、シジミ曳きだけで食っていけるほど獲れた。

瀬田川河口にある瀬田町（現大津市）もセタシジミが特産物で、独特の長い竹を使った貝曳き道具で、しじみ掻きをしてきた。皮シジミは一晩砂抜きして出荷し、身シジミは、大釜でゆでて、殻を取った。瀬田の女性たちは、シジミを背負って、大津や京都へ売りに行った。

図21　オイカワのメズシ

ハイ、オイカワの分布と特徴　ハイはハイジャコともいわれ、小は一〇センチ、大は一五センチから二〇センチの大きさで、五月から七月に獲れる。大豆とよく合うので、煮つけることが多い。ハイの雄は「オイカワ」と呼ばれ、夏場にきれいな婚姻色が出る。

野洲市や近江八幡市、安土（近江八幡市）では、オイカワをメズシに仕込んで、盆の藪入りのごちそうにする。「メズシを食べないとお盆を迎えた気がしない」とまでいわれている。背開きにして塩漬けしておいて、食べたい時期に合わせて、一週間から二週間漬ける（図21）。一二月に飯漬けして、正月に食べることもある。冬場は、麹《こうじ》を米の一〇%ほど入れる場合がある。滋賀県では、フナズシだけでなく、神事や行事の中に取り込まれたナレズシが多く、オイカワズシもその一つである。

ゴ　リ　ゴリは、ウロリとも呼ばれるハゼ科のヨシノボリの稚魚である。夏の猛暑の頃に琵琶湖から湧いてくるように登場する魚である。高島市の北船木では、梅雨が明けた七月下旬から九月にかけて、琵琶湖の二キロ沖で、漁をする。朝五時頃から七時過ぎまで、沖曳き網漁で、水深一〇メートル辺りで獲れる。上り曳き（南向き）と下り曳き（北向き）があり、二人一組で網を曳いて獲る。上り曳きがよく獲れる。秋が深まるとゴリはだんだん黒っぽくなる。成魚のヨシノボリは吸盤状の腹びれを持ち、葦《あし》にくっついたり、直角の壁でもよじ上ることができる。石ころの多い湖岸辺りが好きで、雌が石の裏に産卵すると雄が卵の世話をする。

ゴリは小さな魚で、鮮度が落ちやすい。獲った後、二時間以内に鍋に入れて炊かないと、溶けてしまうので、大急ぎで加工する。醬油と砂糖で、シャキっと甘辛く炊き上げたゴリ煮は、熱いご飯とよく合い、人気がある。

ナマズ　ナマズは、アジアモンスーン圏の淡水魚の中で、最も象徴的な存在である。メコン河流域のナマズは有名であり、タイやラオスでは、最もよく食べられている魚である。

琵琶湖には、ビワコオオナマズ、イワトコナマズ、マナマズの三種類のナマズと、近縁のギギがいる。平成三〇年（二〇一八）、新種のナマズ「タニガワナマズ」が五七年ぶりに発見されたと報告されている。昭和三〇年頃までは、ナマズは湖岸部や内湖、農村部で日常的に食べられていて、味噌汁、かば焼き、すき焼きなどにされてきた。農村や漁村の貴重なたんぱく源となってきた。三種類のナマズの中で、ビワコオオナマズとイワトコナマズは、琵琶湖の固有種である。ビワコオオナマズは、大きくて琵琶湖のシンボル的な存在であるが、おいしくはないので、積極的に獲ることはない。マナマズは、水田や内湖などの泥の中に棲んでいて、池の清水中で泥臭さを抜いてから食べる。

一方、イワトコナマズは、北湖、余呉湖を代表するおいしいナマズである。琵琶湖の北端は、切り立った断崖になっていて、イワトコナマズはその岩礁地帯の岩穴に棲んでいる。清浄な湖水の中で進化してきた固有種で、体表に黄色が入り、まだら模様があることで判別できる。イワトコナマズは、琵琶湖の魚の中で、とびきりおいしい部類に入る。

ドジョウ　ドジョウは、泥の多い川や水田に棲んでおり、寒い時期には、土の中で冬眠する。農村地帯では一番身近な魚であり、食用にされてきた。滋賀県では、どじょう汁や柳川鍋、どじょう鍋にされるのが一般的である。日野町蓮花寺《れんげじ》にある白髭《しらひげ》神社ではドンジョ祭りの時にどじょう汁が大鍋で炊かれる。

滋賀県南部にある栗東市の大橋では、たで飯（蓼《たで》の葉を混ぜたご飯）と発酵させて、ドジョウズシ（ナレズシ）にする。三輪《みわ》神社の春祭りにドジョウズシを神饌として供える。生のドジョウと塩切ナマズをたで飯に八ヵ月間漬けこみ、五月三日の大祭に三輪神社に神饌として供える。ナマズズシは包丁で切って、ドジョウズシとともに大皿に盛られ、境内で村人に供され、田植え時期の農繁期に入る村人たちの栄養源になった。このドジョウ・ナマズズシは大橋地域だけの珍味である。

ギ　　ギ　ギギは、ナマズの仲間で髭《ひげ》や顔立ちはよく似ている。胸びれの棘《とげ》がのこぎりのように横に鋭く突き出しているところが特徴で、刺されると強烈に痛い。魚網も破られるので、漁師には嫌がられるが、味はなかなかおいしい。底生動物や小魚などを食べている。昭和四〇年代までは琵琶湖にたくさんいたが、現在は激減してしまった。瀬田川中流域では今でも獲れる。延縄漁か、専用のタツベで獲る。ギギタツベにシジミをつぶしたものを入れておくと、餌につられてギギが入る。ギギは、かば焼き、魚田、煮つけ、味噌汁にする。ギギは皮も身もおいしい。

7　人と淡水魚のつきあい

以上、暮らしに最も身近な淡水魚であるコイ、フナ、アユ、そして、ウナギ、モロコ、ハス、ウグイ、マス、シジミ、ナマズ、ドジョウなどを中心に、人々が淡水魚とどのようにつきあってきたのか、生きるための糧として、どのように感謝し、利用してきたのかを紹介してきた。「食べる」行為は、人と魚との基本的で最も重要な関係である。稲作ができて、淡水魚の宝庫であるアジアモンスーンで、魚の加工技術・保存法、料理法が最も発達してきたことは、この圏内の人々と魚たちとのつきあい方が最も濃厚であることを示している。この濃厚な関係をなくさないように、淡水魚と人との持続可能なつきあい方を探っていくことが求められている。

現在、日本の湖、河川など水系で行われている内水面漁業は、ブラックバス、ブルーギルをはじめとする外来の淡水魚で大きな打撃を受けている。琵琶湖においても、ソウギョ、ハクレン、コクレン、タイワンドジョウ、カムルチー、オオクチバス、コクチバス、ブルーギル、タウナギなどの外来種の存在が大きな脅威となっている。特にオオクチバスとブルーギルによる影響は甚大で、滋賀県でも対策は打たれているが、抜本的な改善には至っていないのが実情である。在来淡水魚介類の絶滅危惧種が増加している現在、在来種を保護するためには、それらの生息環境を復元し、守っていくことが緊急の課題である。

参考文献

秋道智弥　一九九二年『アユと日本人』丸善ライブラリー

岩田三代編　二〇〇九年『食の文化フォーラム27　伝統食の未来』ドメス出版

川那部浩哉　一九六九年『川と湖の魚たち』中公新書

滋賀県ミュージアム活性化推進委員会編　二〇一五年『おいしい琵琶湖八珍—文化としての湖魚食—』サンライズ出版

滋賀の食事文化研究会編　二〇一一年『ふなずしの謎』サンライズ出版

二〇〇三年『湖魚と近江のくらし』サンライズ出版

二〇〇九年『新装合本　つくってみよう滋賀の味』サンライズ出版

二〇一二年『食べ伝えよう滋賀の食材』サンライズ出版

細谷和海　一九九七年「日本産淡水魚の保護と外来魚」『水環境学会誌』二〇巻五号

クジラとイルカ
——海の肉——

中園成生

1　原始・古代の鯨食文化

クジラ・イルカ利用のはじまり　クジラ目に属するものには、一般的にクジラと呼ばれるもののほか、イルカも含まれる。両者の違いはサイズの違いに過ぎず、よく成体長で四メートルが境界とされるが厳密なものではない。最大種のシロナガスクジラは体長三〇メートル、体重一六〇トンに達するが、生態系の利用連鎖の視点で捉えた場合、まとまった量の肉や脂その他の部位が得られるクジラ・イルカは、人間の有用な利用対象となってきた歴史がある。

日本列島におけるクジラ・イルカの利用と捕獲の始期は、現在のところ縄文時代と推測され、この時代の各地の遺跡からはクジラやイルカの骨や骨角器《こつかくき》が出土している。長崎県平戸《ひらど》市のつぐめの鼻遺

表1　日本捕鯨文化の時代区分

時　代		時代の始期	規定する出来事
初期捕鯨時代		縄文早期末（BC4000 頃）	平戸市つぐめの鼻遺跡で石銛が出土
古式捕鯨業時代	前期	元亀年間（1570～73）	伊勢湾で捕鯨が始まる
	中期	延宝5年（1677）	紀州太地で鯨網を発明
	後期	弘化年間（1844～48）	鯨の不漁が顕著に
近代捕鯨業時代	前期	明治32年（1899）～39年（1906）	ノルウェー式砲殺捕鯨の開始（国内普及）
	後期	昭和9年（1934）	南氷洋捕鯨の開始

跡では、縄文早期末～前期（紀元前四〇〇〇年頃）の層から数百点の石銛《いしもり》（石製銛先）と数千点にのぼるスクレーパー類が出土しており、鯨骨が出土していることから、平戸瀬戸《せと》を回遊するクジラを突き取って解体していたと考えられる（長崎県教育委員会　一九八六）。また熊本平野南部を中心とした九州西部の縄文後期（紀元前二〇〇〇～前一〇〇〇年頃）の遺跡からは、クジラの椎端板《ついたんばん》を製作台に用いた阿高《あたか》式・南福寺《なんぷくじ》式土器が出土しており（金田　一九九九）、寄鯨《よりくじら》（海岸に座礁したクジラ）の利用が想定されるが、食べる目的でも利用されたことが推測される。

一方、石川県能登《のと》半島の真脇《まわき》遺跡では、縄文前期末～中期初頭（紀元前三〇〇〇年頃）の層から、カマイルカを中心としたイルカ骨が数百体分出土している（宮崎・平口　一九八六）。多数のイルカの骨の存在は、食の利用を目的とした捕獲が行われていたことを推測させるが、同様にイルカの骨が多数出土した石川県七尾《ななお》市三引《みびき》遺跡では、第一頸椎《けいつい》や鰭骨《きこつ》など特定部位の出土が少ないことから、離れた場所で解体されたイルカの部位が食用目的で運び込まれたと推測されている（平口　二〇〇五）。
弥生、古墳時代にも各地から鯨骨製骨角器が発見されているが、単に骨の利用のみに止まらず、鯨肉の食利用も行われていたと考えられる。なお鯨骨製骨角器は北海道の続縄文文化期でも確認されているが、続くオホーツク文化期（五〜九世紀）にはクジラや捕鯨の様子を刻んだ骨角器が見つかっており、同文化を支えた人々の間では、捕鯨によって得られた鯨肉の食を含めた利用が行われていたと思われる。北海道では、その後のアイヌ文化においても、南部の噴火湾岸で毒銛を用いた突取捕鯨《つきとりほげい》が行われ、鯨肉は海水で煮た後、塩をつけて食べられている（名取　一九四五）。

本州以南の日本列島で、文書にクジラ・イルカ漁の記事が登場するのは中世後期である。五島列島《ごとうれっとう》中通島《なかどおりじま》では、青方文書《あおかたもんじょ》所収の一三七四年（応安七）の譲り状にある「ゆるか網」の記述から、イルカを対象とした網漁が行われていたことがうかがえる。対馬《つしま》でも、大山氏の一四〇四年（応永一一）付の文書に「いるか」と「八かいの大もの（八海の大物）」が登場し、特に後者が現れたら怠りなく仕留めよという指示が記されているが、八海の大物については明確にイルカと区別されている上に「大もの」と記されていることから、クジラのことを指すと思われる。中通島も対馬もリアス海岸が発達した地域だが、両地域では近世〜近代にもイルカの群れやクジラが湾内に入り込んだ時を見計らい、湾口を網で仕切って捕獲する断切網漁《たちきりあみりょう》が行われている。イルカ断切網漁は近世以降、肥前《ひぜん》、丹後《たんご》、能登、伊豆、三陸などでも行われ、現在も和歌山県太地《たいじ》などで、沖合からイルカ群を追い立て入り江に追い

『肥前国産物図考』〈佐賀県重要文化財〉より）

込んで捕獲する断切網漁が行われているほか、北海道や青森、岩手、宮城、千葉、和歌山、沖縄の各県で、イルカを銛で突いて取る突き棒漁が行われている。

漁場限定のイルカ食嗜好　中通島の有川《ありかわ》湾では、昭和三〇年代までイルカ断切網漁が年二～三回行われ、湾岸の各郷が船や網、人員を出して共同で漁を行った。浜に上げたイルカは、さまざまな経費分などを引いた残りを、小さな個体は一頭単位で、大きな個体は二～三個のクルマギリ（輪切り）にして、湾岸の各郷に配分し、郷内の各戸で肉を分配した。有川湾岸でのイルカ肉の食べ方には次のようなものがあった。

皮（白身）：皮下脂肪の部分で、生を刺身で食べることもあったが、塩漬けにして保存し、食べる時にゆでて刺身のように食べた。

赤　身：生のまま食べたり、鋤焼《すきやき》にした。塩漬けにしたものは、ゆで戻して食べたり、家の軒下に

図1　イルカ漁(佐賀県立博物館所蔵

吊るして干した後、焼いて食べた。

百尋《ひゃくひろ》（腸）：塩漬けにしたものをゆでて食べた。

他のイルカ漁が行われた地域でも、ゆでた肉を酢味噌《すみそ》で食べる（対馬）、塩蔵肉を焼いて食べる（能登）、味噌煮（同）、百尋のゆで干しを煮る（同）、鰭《ひれ》を蒸したりゆでたものに醤油《しょうゆ》をつけて食べる（静岡）、内臓のもつ煮（同）などの食べ方が行われている。また沖縄の名護《なご》でも明治時代頃まで、リーフ（珊瑚礁《さんごしょう》）の内側に追い込んでイルカを捕獲しているが、肉は漁に携わった者に分配され、生赤身は香草と煮たりソーキ汁にして食べたほか、皮身を塩漬けにして保存していた（中村　二〇一七）。このようにイルカ漁を伝統的に行ってきた地域では、生のままや、塩漬け、干し肉にしたイルカ肉を、さまざまな料理にして食べていた。

一方、漁場から離れた地域では「（鯨肉と比べて）臭いがある」などの理由でイルカ肉を敬遠する場合も多い。

しかし古代末期から近世初頭に対外交易の港市として栄えた博多では、一一〜一四世紀とされるイルカの骨が多数出土しており、なかには五〜六個の椎骨が繋がった状態で見つかった例もある（鳥巣二〇一二）。こうしたイルカ骨の出土は、中世都市の博多においてイルカが食べられていた状況を示唆するが、特に連続した椎骨の存在は、近隣で輪切りにされたイルカ肉が搬入されていたことを想定させる。このように中世には、漁場付近だけでなく博多のような都市でもイルカの肉が消費されていたが、近世以降、各地で捕鯨が開始されて鯨肉が流通するようになると、漁場周辺以外では次第にイルカ肉が食べられなくなったことが想像される。今川氏の本拠地である駿府《すんぷ》（静岡市）でも、戦国時代にはイルカ肉が京都から来た公家（山科言継《やましなときつぐ》）に供されており、少し離れた伊豆から供給されていたと思われるが、伊豆産のイルカ肉は江戸時代末期にも商人を介して小田原や沼津、清水で販売されている（中村前掲書）。これについては、伊豆を含めた静岡県から神奈川県にかけての地域では、江戸時代以降、捕鯨が行われなかったため、鯨肉の嗜好が定着しなかったことが考えられる。

2 戦国〜近世初頭、近畿の鯨食文化

高級食材だった鯨肉　戦国時代に入る頃になると、書物や文書に鯨肉の記述が見られるようになる。一四八九年（延徳元）に記された『四条流庖丁書《しじょうりゅうほうちょうしょ》』には「乍去《さりながら》鯨ハ鯉《こい》ヨリモ先ニ出シテモ不苦《くるしからず》、

其外《そのほか》ハ鯉ヲ上《あげ》テ可置也《おくべきなり》」と、鯉より上格の食材として取り上げられており、『室町殿日記《むろまちどのにっき》公方家《くぼうけ》御台《みだいど》所御用目録《ころごようもくろく》』にも、将軍が食べるものとして「鯨一桶」の記述があり、京都などでの料理文化の成熟の中で、鯨肉が高級食材と認識され利用されていたことがうかがえる（高正 一九九六）。高級食材だった理由は、産地が遠く希少だったからだと考えられるが、当時の産地について『言継卿記《ときつぐきょうき》』一五四四年（天文一三）の項には、京都の貴族である山科言継のもとに伊勢《いせ》国（三重県北部）から鯨荒巻《くじらあらまき》（塩蔵鯨）が届いたという記述があり、また一五五六年（弘治二）九月の項に、言継が伊勢から三河《みかわ》に船で渡る途中で志之島《しのしま》（愛知県知多《ちた》半島先端沖の篠島）に立ち寄った際、亭主鯨のたけり（雄の生殖器の肉）という産地でしか得難い部位が食事に出たという記述があることなどから、伊勢湾沿岸がクジラの産地だったと考えられる。

一七二〇年（享保五）制作の『西海鯨鯢記《さいかいげいげいき》』には「本朝《ほんちょう》ニテ鯨取事《くじらとること》ヲ尋《たづぬる》ニ（中略）元亀年中（中略）三河国内海《うつみ》ノ者船七八艘ニテ沼諸崎邉《ぬまもろざきへん》ニテ突取《つきとる》」とあることから、元亀年間（一五七〇～七三）には知多半島先端の師崎《もろざき》で、クジラを銛で突いて船などを曳かせて疲労させた後、剣で突いて仕留める突取法による捕鯨が開始されたことが考えられる。この出来事が、日本における古式捕鯨業時代の始まりと捉えられるが、先の産地の記述と関連付けると、京都などでの鯨肉の需要に対応する形で、寄鯨《よりくじら》の利用や、他の漁との兼業で行われる突取漁の形態から、専門の組織（鯨組）による突取捕鯨（古式捕鯨業）に発展したことが想像される。また織田信長が一五七九年（天正七）正月に出した書状には、知多半

図2　西海の鯨の解体（国立国会図書館所蔵『勇魚取絵詞』より）

島（おそらくは師崎の捕鯨）で取れた鯨肉を「御所様（天皇）」に進上したとあり、安土・桃山時代にも高級食材としての鯨肉の需要が継続していることがうかがえる。なお一八世紀後期の師崎捕鯨について紹介した『張州雑志《ちょうしゅうざつし》』（一七八九年〈寛政元〉刊）の記述から、伊勢湾で捕獲されたのは沿岸性のコククジラやザトウクジラが主だったと思われる。

鯨の加工　『西海鯨鯢記』の記述から、師崎の突取技術は一五九六年（慶長元）に熊野地方に伝わったと思われるが、一六二四年（寛永元）頃制作の『捕《ほ》鯨図《げいず》屏風《びょうぶ》』（大阪市歴史博物館所蔵）には、当時の紀州《きしゅう》と思しきマッコウクジラの突取の場面と、解体・加工の場面が描かれている。後者では、海辺で少しずつ肉を切り取る形で解体されるクジラや、民家の庭先で釜を用いて皮身から鯨油を製造する場面とともに、皮身の商いや、鯨肉を詰めたと思しき樽が馬にいなわれ運ばれる場面が紹介されている。食用の鯨肉生産を主な前提とした解体（ブロック切りや輪切り）加工や流通の傾向は、一六七七年（延宝五）に紀州太地《たいじ》において、あらかじめ苧《お》製の網にクジラを絡めて行動の自由を奪ったのち突取を行う漁法である網掛突取法が発明された後も、紀州漁場においては継続していることが、捕鯨図説の解体場面や文書の記録から確認でき、紀州から突取法・網掛突取法が伝わった土佐《とさ》漁場においても同様の傾向が認められる。このように、近世初頭に尾張《おわり》、紀州、土佐など畿内周辺で興った古式捕鯨業は、畿内の鯨肉食の需要に対応する形で始まり発展したことが推測されるが、まとまった数量が複数の漁場から恒常的に供給されるようになることで、鯨肉は高級食材から庶民の食材に移行していったと思われる。

3 西海捕鯨と鯨食

鯨油重視の西海漁場　一方、古式捕鯨業時代、日本最大の漁場となった西海《さいかい》では、畿内周辺の状況とは異なる様相を呈する。『西海鯨鯢記《さいかいげいげいき》』によると一六二四年（寛永元）に西海漁場で最初に突取法《つきとりほう》による捕鯨を行ったのは紀州から進出した突組《つきぐみ》で、ほどなく平戸《ひらど》の町人達も突組の経営に参入しているが、一六三二年（寛永九）江戸に上ったオランダ商館員が鯨油を販売にきた平戸の突組の使用人からお金を借りていることなどから、当時の西海の捕鯨業では鯨油生産に重点が置かれていたことが確認できる。食用鯨肉ならば、大消費地の畿内に近い尾張、紀州、土佐の方が鮮度でも輸送コストでも有利だが、鯨油であれば長期の保存でも品質は落ちず遠方への流通にも耐えるため、西海ではセミクジラを主対象とした鯨油生産を主体とした捕鯨が盛んになったことが考えられる。西海では、網掛突取法が導入された一六七八年（延宝六）以降も、ロクロ（人力ウインチ）を活用して製油に有利な皮脂を剝ぎ取る解体法や、大納屋《なや》、小納屋、骨納屋などの施設において鯨油重視の加工が行われている。

西海の鯨食　『海鰌図解大成《かいしゆうずかいたいせい》』によると、西海では明暦年間（一六五五～五八）頃までは、クジラは鯨油を生産するためだけに用いられ、肉や骨は海に捨てられていたが、筑前早良郡《ちくぜんさわら》姪浜《めいのはま》で寄鯨があった時、ある人が試しに食べたのが鯨食の始まりだと記されている。しかし『平戸イギリス商館日記』には、一六一五年（元和元）のクリスマスに平戸藩主から商館に鯨肉の贈り物があったことが記されており、平戸のようにクジラの回遊域からほど近い場所では、古式捕鯨業の本格開始以前から鯨肉が食べられていたことが考えられる。ただし当時の平戸は海外貿易で「西の京」と称されるほど繁栄していたことから、畿内の鯨食文化や、海外の食習慣の影響があったことも考慮する必要がある。例えば平戸で制作された『西海鯨鯢記』には「南蛮煮《なんばんに》」という料理が紹介されているが、それは塩蔵赤身を一寸角に切り、半時《はんとき》（約一時間）ほど水煮してから良く洗って油分を取り、鍋でその肉を二時《ふたとき》（約四時間）ほど煮て、鰹《かつお》（鰹節か）を加え大根、葱《ねぎ》を入れ、塩・胡椒《こしょう》で味を調えて完成というレシピで、要は鯨肉のシチューである。牛や豚の塩蔵肉のシチューは当時のヨーロッパの船乗りの常食だったが、それらの肉が入手しにくかった平戸では、鯨肉のシチューが賞味されていたのかもしれない。

　捕鯨が定着した一八世紀初頭頃には、西海の沿岸部では鯨食が普及していたようで、『西海鯨鯢記』には、鯨肉を食べると風邪をひかず、海岸に住んで冬場に海で働く者は数千人いるが病気になる者はおらず、また鯨肉をたくさん食べても病気になることはなく、米収穫後の一〇月頃に米を六〜七合食べる者も、二〜三月にはクジラを食べるので二〜三合で済み、米の節約にもなると記されている。

　『大日本水産会報』の記事によると、長崎県彼杵《そのぎ》、佐賀県伊万里《いまり》、福岡県芦屋《あしや》が明治二〇年代における鯨肉の三大市場とされているが、これらの場所は江戸時代に形成された鯨肉の集散地で、現在でも鯨肉の商売が続いている。また九州地方の農家では冬の捕鯨シーズンに一樽分の鯨皮身を買って塩漬けし、夏の土用《どよう》の料理にも出していたとされる（安藤　一九一二〜一三）。筑前国宗像《むなかた》郡陵厳寺《りょうげんじ》村（現福岡県宗像市赤間付近）の庄屋である吉田家の『家事日記帳』の一八五一年（嘉永四）から五四年（同七）の記録を見ると、一一月後半から七月前半までの間にさまざまなクジラ料理が出され、特に冬場には鍋焼《なべやき》、春から夏にかけては「さしみ」が食べられていて、後述する生月島《いきつきしま》の鯨食を参考にすると、鍋焼は煎焼《いりやき》、「さしみ」は塩蔵皮身による湯がき鯨にあたると考えられる。保存が利く塩蔵皮身は、生魚が得難い地域や季節でも、すぐに用意できる便利な「さしみ」だったのである。陵厳寺村から一〇キロほど離れた津屋崎《つやざき》港や芦屋港は、生月島の鯨組である益冨《ますとみ》組が鯨油を出荷していた記録があり、肥前方面で操業する鯨組の鯨肉が流通していたことが考えられる。

クジラを食べ尽くす　長崎県の北東にある生月島では、一七二五年（享保一〇）に畳屋《たたみや》（のちの益冨）又左衛門《またざえもん》が鯨組の操業を始めて明治三〇年代に至るまで、約一七〇年間にわたって捕鯨が行われた。益冨又左衛門が一八三二年（天保三）に制作した鯨専門の料理書『鯨肉調味方《げいにくちょうみほう》』には、当時の生月島で食されていた七〇ほどのクジラの部位の調理法が紹介されているが、なかには漁場以外では入手が難しい内臓などの部位の食べ方も掲載されている。

利用される部位には、生や、塩蔵のように保存処置が施されたもののほか、煎滓《いりかす》のように鯨油生産の副産物として生産されたものも含まれている。皮身は、脂肪分が多いものは採油に回され、鯨油をある程度煎り出して油分を下げたものや、脂肪分が少ない片皮などの部位を食用に用いている。

生やそれに近い料理法では、産地だからこそできる、薄切りにした生皮身に生醤油《きじょうゆ》や煎酒《いりざけ》、三杯酢《さんばいず》をつけて食べる刺身のような食べ方や、薄切りにした生赤身をいったん湯通しして生醤油や三杯酢につけるしゃぶしゃぶのような食べ方が紹介されている。また塩蔵皮身は、薄切りにして水で塩抜きした後、熱湯をかけ、冷水で何回か洗ってから、酢ぬたや生醤油、煎酒につけて食べられたが、この料理は「鯨の湯がきもん」と呼ばれ、今でも生月島で刺身のように醤油や酢味噌《すみそ》をつけて食べられている。

焼き料理の代表格として、本書の記述が料理名称の初出にもなっている「鋤焼《すきやき》」がある。これは古い鋤などの板状の鉄器を磨いて火の上に渡し、生の皮身や赤身、塩蔵赤身の塩気を抜いたものをのせて焼き、酒で溶いた味噌や生醤油につけて食べる焼肉料理である。ほかに味噌漬けにした生赤身を焼く「味噌焼き」や、皮身を藻に包んで焼く「藻焼」、塩蔵赤身を焼いたあと、湯に浸して塩抜きしてから食べる、こんにちの赤身の塩鯨《しおくじら》に近い食べ方なども紹介されている。なお「煎焼（なべやき）」は、ありふれた料理だからだろうか名称のみが紹介されているが、こんにちの生月島で同じ「煎焼（いりやき）」という名前で呼ばれている料理は、牛肉を使った鋤焼とまったく同じ料理法である。

煮る料理には、生皮身を湯がいて薄切りにし野菜と一緒に煮たものに、葛《くず》かけやワサビをつけて食べるものがあり、百尋《ひゃくひろ》（腸）、豆臓《まめわた》（腎臓）などの内臓類も、煮たものが醤油などをつけて食べられている。また尾の部分の皮身であるテイラ（尾羽毛《おばけ》）は、塩蔵したものを薄切りや細切りにして、水を何度か替えながら半日程度煮ると柔らかくなるが、それを水でよく洗い、酒を入れて煮しめた後、砂糖や葛あんをかけて食べられた。揚げ料理では、下ゆでした皮身を鯨油を煎り取る時の釜に一緒に入れて揚げ、薄く切ったものに生醤油や煎酒をかけて食べ、汁料理では、皮身や赤身を薄く切ったものを入れたすまし汁が食べられた。

図3　鯨の湯がきもん

生月島では、明治三〇年代に網掛突取捕鯨が終了した後も、平戸瀬戸で行われた捕鯨銃と火矢《ひや》（破裂銛《はれつもり》）を用いる銃殺法による捕鯨や、近代捕鯨業から供給された鯨肉によって鯨食文化が継続し、近年も正月のごちそうや祝い事のお膳には皮鯨の湯がきもんや皮鯨入りの膾《なます》が出され、益冨組の本拠地だった壱部浦《いちぶうら》の氏神・白山神社の氏子総代会には、クジラの煎焼が出される。

4　鯨食の普及

明治以前の鯨肉の需要　一七五一年（寛延四）刊行の『料理食道記』には、クジラの産地として、伊勢鯨、紀伊《きい》鯨、松前《まつまえ》焼鯨、ひせん（肥前）鯨、出雲《いずも》かふらほね（蕪骨）などが紹介されているが、伊勢や紀伊は前述したように戦国以降、畿内に鯨肉を供給してきた古い産地である。また北海道のアイヌは焼石の上に鯨肉をのせて採油し、残った肉を干して食用にしており、それが「石焼鯨」「松前焼鯨」という名前で一八世紀初頭頃まで東北地方辺りに流通していたという（菊池　二〇〇二）。肥前（西海）が後ろの方に記されているのは、江戸時代初期に鯨油生産が主体で始まった漁場のため、鯨肉の産地としては新参と見なされたのかもしれない。なお先の記述にはないが、江戸時代の初めに突取捕鯨が始まった房総半島南部でも、槌鯨《つちくじら》の赤身を干した「タレ」が作られている（小島　二〇〇四）。

一八八八年（明治二一）刊行の『日本捕鯨彙考』には、クジラの皮身や赤身は食用として需要があるが、古来これを食してきたわけではないため好んで食べる人はいないようで、それでも皮身はまだ一般の人々で食べる人がいるが、赤身に至っては九州・四国・大坂地方以外にはほとんど販路がないに等しく、東海・東山地方では偶然クジラが取れても肉の販路に苦しみ、肥料に使う以外は放棄することも多いと記されている。

クジラ料理と習俗　クジラの料理について、各地で捕鯨が始まった頃の一六四三年（寛永二〇）に書かれた『料理物語』には、汁、煮物、和《あ》え物、焼き物、刺身、蒸し物、揚げ物、飯、麺などが紹介されている。一六八二年（天和二）に来日した朝鮮通信使の献立にも、大蒜《にんにく》や葱《ねぎ》を臭み抜きに添え、酢味噌で食べる皮身などがあるほか、身分の低い下官の食事にも鯨肉と野菜の煮込みが出されている（高正　一九九六）。江戸では、一二月一三日の煤払《すすはら》いを終えた後に、皮身を入れた味噌仕立ての鯨汁を食べる風習があったとされるが（大久保　二〇〇五）、近畿・中部地方の各地では江戸時代に遡って皮身を雑煮《ぞうに》に入れる習俗が継承され、北陸にも夏の土用に皮身を食べて暑気払いをする習俗が古くからあり（伊豆川　一九七二）、北海道南部でも昔から正月に皮身を野菜と一緒に煮込んだ鯨汁を食べる習慣があったことが確認されている（北海道教育委員会　一九七〇）。こうした各地のクジラ料理とそれに伴う習俗は、古式捕鯨業の発展と、北前航路《きたまえこうろ》などの海運を活用した鯨肉の流通によって成立したものと考えられる。

なお江戸時代に捕鯨が盛んだった高知県で行われた聞き取り調査では、捕鯨が行われていた地域から離れた中央部や北部には、大晦日や正月に鯨を食べるという習俗が残っていたが、捕鯨が行われていた東部や西部にはこうした習俗がないという結果が確認され、漁場から離れて鯨肉を入手する機会が少ない地域の方で、特別な日の料理として鯨肉を食べる習俗が成立したと推測されている（中村一九九二）。

5　近代捕鯨業の成立と鯨食の動向

近代捕鯨業の成立　幕末の弘化年間（一八四四～四八）頃から、日本各地の鯨組では、日本近海に進出してきた欧米捕鯨母工船の操業が原因と思われる不漁に見舞われ、特に鯨油生産に適したセミクジラはほとんど取れなくなる。明治時代になると、生き残った各地の鯨組は、漁法の変更や新規漁場への進出を行っていき、これまであまり取られていなかったナガスクジラを捕獲するようになる。ナガスクジラは皮下脂肪がセミクジラ、ザトウクジラに比べて少ない筋肉質なクジラだが、クジラ利用の中心が油から食用肉に移行していく状況と捕獲対象の変化は無関係とは思えない。しかし既存漁法の改良程度では状況は好転せず、近代捕鯨業への転換は、砲殺法の完成形態とされるノルウェー式砲殺法の導入を待たねばならなかった。

ノルウェー式砲殺法は一八六〇年代にノルウェーで発明された、炸裂《さくれつ》弾付きの銛《もり》を動力船の船首に搭載した砲から発射し、爆殺と鯨体確保を同時に行うきわめて効率的な漁法で、それまで捕獲が難しかったナガスクジラやシロナガスクジラも容易に捕獲できるようになった。同漁法を極東に最初に導入したのはロシア人で、明治二〇年代後半になると、ロシア太平洋捕鯨漁業株式会社が朝鮮近海の操業で得た鯨肉を長崎経由で大量に流入させている。これによって国内の鯨肉価格が下落し、幕末以来の不漁のなかで辛うじて操業を続けていた日本の古式捕鯨業に、深刻な打撃を与えている。

そのため日本側でも同漁法を導入する動きが起き、一八九九年（明治三二）山口県仙崎《せんざき》に設立された日本遠洋漁業株式会社（のちの東洋漁業株式会社）が、朝鮮近海に続き、一九〇六年（明治三九）に日本国内で操業を開始したことで、日本も最終的に近代捕鯨業時代に移行する。近代捕鯨業では東北や北海道（千島列島を含む）が主要漁場となるが、一九三四年（昭和九）には南氷洋での工船型ノルウェー式砲殺法（母船式捕鯨）も開始されている。

近代捕鯨業の鯨肉流通　近代捕鯨業に移行した明治末年頃までには、クジラの主要な用途は食用鯨肉に移っている。一九一二年（明治四五）当時の国内の鯨肉需要地は九州を最上とし、それに次ぐのが中国、四国、関西地方で、生赤身は名古屋以東においては知られていないとされている。当時の主要な鯨肉取引地も博多（取引額年間六五万円）、下関（同四五万円）、大阪（同三五万円）、兵庫（同二〇万円）など西日本に偏り、ほかに名古屋、和歌山、三津浜《みつはま》（愛媛県松山市）、唐津《からつ》（佐賀県）などで合わせて一五万円ほどの取引が行われている（安藤　一九一二～一三）。

長崎の鯨肉商・日野浩二氏の回想によると、長崎県下では大村湾岸の彼杵《そのぎ》や早岐《はいき》が古くから鯨肉の集散地になっていたが、地域によって好まれる部位が異なっており、長崎では美味しくて値も張る嘴《はし》皮《かわ》と畝須《うねす》が賞味され、長崎近郊の時津では塩蔵のサエズリ（舌）が、大村市の千綿《ちわた》・松原では胸鰭《むなびれ》の付け根にある伝胴《でんどう》が、佐賀方面では塩蔵皮身が、島原・熊本方面では塩蔵尾羽が、福岡方面では塩蔵赤身がよく売れたという（日野　二〇〇五）。近代捕鯨業時代に入っても、古式捕鯨業の段階に形作られた流通形態が機能しながら鯨食文化が継承されたことがわかるが、裏返すと古式捕鯨業から継承された鯨食文化と流通機構があったからこそ、日本では近代捕鯨業が成立し得たのである。

流通・加工技術の進歩　遠隔地に供給される鯨肉は、もとは塩蔵皮身が中心だったが、一九一二年（明治四五）頃には、動力船や鉄道など輸送手段の発達にともない、漁期である冬期を中心に、赤身や皮身をはじめとする各部位を氷で冷蔵して出荷するようになっている。特に赤身は塩漬けにすると風味が損なわれるため、漁期中に生で出荷する以外は、現地で肥料製造などに回されることもあったが、一九〇八年（明治四一）には鮎川《あゆかわ》（宮城県石巻市）で赤身を使った大和煮《やまとに》の缶詰製造が始まり、一九三〇年（昭和五）頃には土佐捕鯨（林兼系列）が三重県で捕獲した鯨肉を氷蔵して下関に運び、同地で冷凍している（徳山　二〇〇一）。近代捕鯨業時代に大集散地となった下関（山口県）と対岸の戸畑《とばた》（福岡県北九州市）には冷凍工場や加工工場が設けられ、畝須や、鯨肉製ベーコン、ハム、ソーセージの製造が行われている。下関や戸畑の周辺では、国内有数の工業地帯に発展した北九州の工場労働者や、筑豊炭田の炭坑労働者、産出した石炭を若松港や門司《もじ》港で外航船に積み込む港湾労働者（仲士《なかし》）達によって塩蔵赤身（塩鯨）などのクジラ製品が大量に消費されており、特に炭坑では弁当に塩魚を入れていくと、坑内の温湿度やガスの作用で早く腐ってしまうが、塩鯨ならばおいしく食べられたという（岸本　二〇〇六）。

国内の鯨肉出荷量は一九二三～二四年（大正一二～一三）頃には年間一万トン程度だったが、南氷洋から冷凍鯨肉が入るようになった一九三九年度には四万五〇〇〇トンに達している。この年の国民一人当たりの肉類年間摂取量はわずか二・四キロで、そのうちの鯨肉は〇・三キロ（一三％）に過ぎなかった。しかし戦後いち早く再開された沿岸や南氷洋の捕鯨操業は大量の鯨肉を供給するようになり、一九四六年度には早くも五万五〇〇〇トンと戦前の水準を超え、翌四七年度には八万二〇〇〇トンにまで増加する。国民一人当たりの年間肉類摂取量に占める鯨肉の割合も、四六年度に三三％（肉全体〇・九キロのうち鯨肉〇・三キロ）、四七年度には四六％（肉全体一・三キロのうち鯨〇・六キロ）に増え、一九六三年度まではおおむね三〇％前後を占めており、鯨肉が戦後の食糧事情の改善に大きく貢献したことがわかる。なお一九六一／六二年漁期には南氷洋で、シロナガスクジラ四八九頭、ナガスクジラ一万一八五五頭を含む一万四三五一頭が捕獲されているが（竹内賢士氏調べ）、一九六二年度の一人当たり鯨肉の消費量は最大の二・四キロに達している。学校給食でも、クジラの竜田揚げなどがメニューの常連だった状況が、一九七〇年代頃まで続いている。

鯨肉消費の減少　しかし一九六三年度以降、鯨肉摂取の割合・摂取量はともに低下に転じている。一九七七年度の一人当たり年間肉類消費量は四六年度の三二倍にあたる二八・六キロに達しているが、鯨肉は〇・七キロ、わずか三％のシェアにまで下がっている（長崎　一九八四）。このデータは牛、豚、鶏など他の食肉の需要の飛躍的増大に対し、鯨肉の需要が低迷している状況を示している。

その後も南氷洋などでのクジラの減少と、国際捕鯨委員会（ＩＷＣ）による捕獲禁止鯨種の拡大によって鯨肉供給量は減少の一途を辿る。そして一九八二年（昭和五七）にはＩＷＣ第三四回総会で商業捕鯨の一時停止（モラトリアム）が決議され、日本も一九八八年（昭和六三）三月に南氷洋・沿岸の商業捕鯨から撤退している。古式捕鯨業時代に捕鯨が盛んに行われていた生月島には、鯨肉を専門に商う店があったほか、近所の商店でも冷凍鯨肉が普通に売られていたが、一九八七年頃を境に店頭から一斉に鯨肉が消えたという。

こんにちの鯨食文化　モラトリアム以降も、南氷洋などで行われる調査捕鯨で捕獲されたクジラの肉（調査副産物）の有効利用や、北海道網走・釧路、宮城県牡鹿《おしか》、千葉県和田、和歌山県太地《たいじ》などを拠点とした小型捕鯨で捕獲されたハナゴンドウ、コビレゴンドウ、ツチクジラの肉が流通しており、近年は輸入された鯨肉や定置網に混獲されたクジラの肉も流通するようになっているが、総量は少なく（水産庁ホームページによると二〇一六年度鯨類捕獲調査の捕獲頭数はミンククジラを中心にイワシクジラ、ニタリクジラなど四八五頭）、捕獲経費も割高なため、鯨肉は高級食材となっている。

そうしたなか、北海道、宮城県、和歌山県、山口県、長崎県の捕鯨と関係がある市町村などでは、鯨食文化を継承するため竜田揚げなどのクジラ料理を給食に出す取り組みが行われ（『週刊女性』二〇一七年一〇月一七日号）、釧路市、下関市、長崎市などでは、クジラ料理を観光客に売り込む取り組みが行われている。

参考文献
赤嶺　淳　二〇一七年『鯨を生きる―鯨人の個人史・鯨食の同時代史―』吉川弘文館
安藤俊吉　一九一二～一三年「我国に於ける鯨体の利用」『大日本水産会報』三五五～三六七号
伊豆川浅吉　一九七二年「近畿・中部地方に於ける鯨肉利用調査の報告概要」『渋沢水産史研究室報告』二（のち一九九七年『日本民俗文化資料集成18　鯨・イルカの民俗』三一書房）
大久保洋子監修　二〇〇五年『江戸っ子は何を食べていたか』青春出版社
金田一精　一九九九年「鯨底の話」『Ｍｕｓｅｕｍ　Ｋｙｕｓｈｕ』六四号
菊池勇夫　二〇〇二年「石焼鯨について」『東北学』七
岸本充弘　二〇〇六年『関門鯨産業文化史』海鳥社
小島孝夫　二〇〇四年「捕鯨文化における伝統―千葉県安房地方の鯨食文化を事例に―」『日本常民文化紀要』二四輯
高正晴子　一九九六年「中世から近世にかけての鯨料理」『食』五九号
徳山宣也　二〇〇一年『年表で綴る大洋漁業の歴史』私家版

鳥巣京一　二〇一一年「土の中のクジラ」日本とクジラ展実行委員会編『日本とクジラ』福岡市博物館
内藤東甫　一九七五年『張州雑志』第二巻　愛知県郷土資料刊行会
長崎県教育委員会　一九八六年『長崎県文化財調査報告書　第八二集　つぐめのはな遺跡』
長崎福三　一九八四年「日本の沿岸捕鯨」『鯨研通信』三五五号
中園成生・安永浩　二〇〇九年『鯨取り絵物語』弦書房
中村淳子　一九九二年「鯨食文化」『鯨の郷・土佐』高知県立歴史民俗資料館
中村羊一郎　二〇一七年『イルカと日本人―追い込み漁の歴史と民俗―』吉川弘文館
名取武光　一九四五年『噴火湾アイヌの捕鯨』北方文化出版社（のち一九九七年『日本民俗文化資料集成18　鯨・イルカの民俗』三一書房）
服部　徹編　二〇〇〇年『日本捕鯨彙考　復刻版』鳥海書房
秀村選三ほか（校注・解題）　二〇〇二年『筑前国宗像郡吉田家家事日記帳』文献出版
日野浩二　二〇〇五年『鯨と生きる―長崎のクジラ商日野浩二の生涯―』長崎文献社
平口哲夫　二〇〇五年「三引遺跡における縄文時代前期初頭の狩猟・漁撈活動」『七尾市三引遺跡』石川県埋蔵文化財センター
北海道教育委員会　一九七〇年『日本海沿岸ニシン漁撈民俗資料調査報告書』
宮崎信之・平口哲夫　一九八六年『石川県能都町真脇遺跡』能都町教育委員会・真脇遺跡調査団
「鯨肉調味方」吉田始子編　一九八〇年『江戸時代料理本集成　翻刻』第八巻、臨川書店
「おいしい給食いただきます」『週刊女性』二〇一七年一〇月一七日号

発酵ずしから握りずしへ
——魚食の変化——

日比野光敏

1　発酵ずしの時代

すしは日本生まれではない？　二〇一三年（平成二五）、和食は国際連合教育科学文化機関、いわゆるユネスコの無形文化遺産に登録された。素材がたくさんあり、そこには季節感もあり、しかもヘルシーな和食は、今や日本だけのものではなく、世界から称賛されている。中でもすしは、和食の代表格として注目され、わざわざ日本にまで食べにくる人も多い。英語版のみならずフランス語、中国語、スペイン語など、外国版のメニューや値段表も見かけるようになった。

しかし、多くの外国人にとって、いや外国人のみならず日本人をも含めて、すしのイメージは、新鮮な魚介類が乗った握りずししか持たれていない。「いいネタを使ってるねぇ」と訳知り顔でいう人もいるが、だいたいタネのことを「ネタ」というように語順を逆にするのはすし業界の隠語であって、一般の客が使用するものではない。また一部の人の中にはこれを「江戸前《えどまえ》ずし」といい切る人がいて、そんな人たちからは「すしの本場は東京だ」などということばが平然と出る。こういう輩が集団になると、「マグロはどこの産でなきゃぁ……」とか「すし屋のお茶がデカい茶碗に入ってるのはさぁ……」とか、あげくには「すしをつまむのは親指と人差し指とをだなぁ……」などといったくだらない論争に花咲かせる。

そうした人たちに、はっきりいっておこう。まず「すし＝握りずし」とする図式が間違っている。わが国のすしの歴史は古く、千数百年以上もの時代を経ている。その頃のすしは、酢などは使わなかった。さらにいえば、ご飯を食べるものではなかった。おまけにつけ加えるならば、和食の代表のように見えていながら、実は日本の食べ物ではない。

そもそもすしとは、塩でしめた魚肉類を米などのでんぷん質の中で発酵させた、稲作民の貯蔵食品である。そこで生成される乳酸の酸味がすしの酸味である。生まれたのは、東南アジアの山間部であるという篠田統の説もあるが（篠田　一九六六など）、今では石毛直道の東南アジア大陸部説、すなわち河川流域の台地や扇状地であるという説が一般に定着している（石毛　一九八七）。今でも、タイ、ラオス、カンボジア、ミャンマーあたりでは、さかんに作られている。

それが中国へ北上する。古漢籍では、たとえば紀元前五～三世紀の辞書『爾雅《じが》』に、初めて「鮨」

という文字が現れるが、これは「すし」ではなく、「塩辛《しおから》」の意味である。また紀元一～二世紀の『説文解字《せつもんかいじ》』には「鮨」と「鮓」が出てくるが、そのふたつの文字の意味の違いがわからない。二世紀末の文献注釈書が、「鮓」とは「常のものではない」とし、それが外来の食べ物であることを暗示しているわけだが、「鮓」の意味がはっきりとわかるのは三世紀の辞書『釈名《しゃくみょう》』で、「塩と米とで醸す」とある。つまりこれが本来の「すし」である。なお、同時期の辞書『広雅《こうが》』では「鮨は鮓」とし、ふたつの文字を混用してしまった。以来、「鮨」も「鮓」も同じ意味になってしまったらしい。

ところが、いつ頃日本に伝わったのか、わからない。文献がないのである。わが国最古の文献は、

図1　カンボジア、シェムリアップのトンレサップ湖　こういう小さな魚だけでなく、大きなナマズやコイなどが、プオーク(すし)になる。

図2　ラオス、ルアンパバーンのソンパ(すし)　東南アジアではたいてい、火を通して食べられる。

たとえば正倉院文書《しょうそういんもんじょ》であるとか平城京木簡《もっかん》など八世紀半ばのものがあるが、このふたつの文献にすでに「鮨」や「鮓」の文字が現れているから、少なくともそれ以前にすしが日本に伝わったのは明らかである。ただ、それ以上のことはわからない。

ルートについてもわからない。朝鮮半島には古い食べ物の痕跡は残っていないし、第一、すしは米を使う料理である。熱帯原産の材料を使う料理が、日本より寒い朝鮮半島経由で入ってきそうにない。結局、米と同じく、中国から直接、海を経由してやってきたと考えるのが妥当であろう。

古代日本のすし　わが国のすしに関する最古の文献は、先にも述べたとおり、正倉院文書や平城京出土木簡であるが、その具体的製法となると、これまたよくわからない。当時のすしの分布状況を示す時によい資料となる九二七年（延長五）の法令施行細則『延喜式《えんぎしき》』にしても、原料が載っているにすぎない。ちなみに原料は魚と米と塩だけである。発酵させる形態のすしだったわけである。

ここで一二世紀頃の『今昔物語《こんじゃくものがたり》』の中にある、興味深い話を紹介しよう。京の「販女《ひさぎめ》」、つまり女の行商人の逸話である。「一日酔いの女が、道ばたですしを売っていた。不意に気分が悪くなり、売り物のすしの上に粗相をしてしまった。しかし彼女は一向にあわてず、吐き出したヘドを手でこそぎ落として、そのまま商売をつづけた」という。

なんとも小汚い話であるが、ここから次のことが考えられる。

ひとつは当時のすしが、いかに強烈な臭いを放っていたかということ。少なくともすしのにおいは、人間が吐くヘド以上のにおいだったはずで、さもないと、ヘドのついたすしは臭くて、販売など続けられなかったためである。ついでにいうならば、ヘドとよく似た形状のものがすしを覆っていた、すなわち、発酵させたご飯はヘドと見まがえるほど、やわらかなものであった。それだからこそ、すしの上にこぼしてしまったヘドは、手でこそげ落としただけで、存在がわからなくなってしまったのであろう。

そしてもうひとつ。もしすしのご飯までも食べられる可能性があるのなら、販女は、自分の吐き出したヘドを手でこそいだだけのものを、商品としては扱うことはしなかったであろう。ということは、すしの表面についているご飯は食べないことを、当の販女自体が知っていたと考えられる。

こういうわけで、すしはご飯の中で発酵させたものであり、そのご飯は食用としなかったことは推察できたが、さて、その発酵期間はというと、先の『延喜式』が推測の糧になる。当時のすしは貢納品として、都まで送るのに用いられた。途中の運送時間がご飯の発酵時間と重なって、都合がよかったからである。

『延喜式』に載っている筑前《ちくぜん》の国は今の福岡県である。そこから京都までは二七日間の予定で、ここをフナのすしが運ばれてくる。さらに遠い肥前《ひぜん》(佐賀県、長崎県)や肥後《ひご》(熊本県)になると、さらに旅程は伸びる。当時のすしは、少なくとも一ヵ月ほどの発酵期間を持っていたことがわかる。

このあたりのすがたを今に残しているのが、滋賀県のフナずしである。もちろん今のフナずしの製

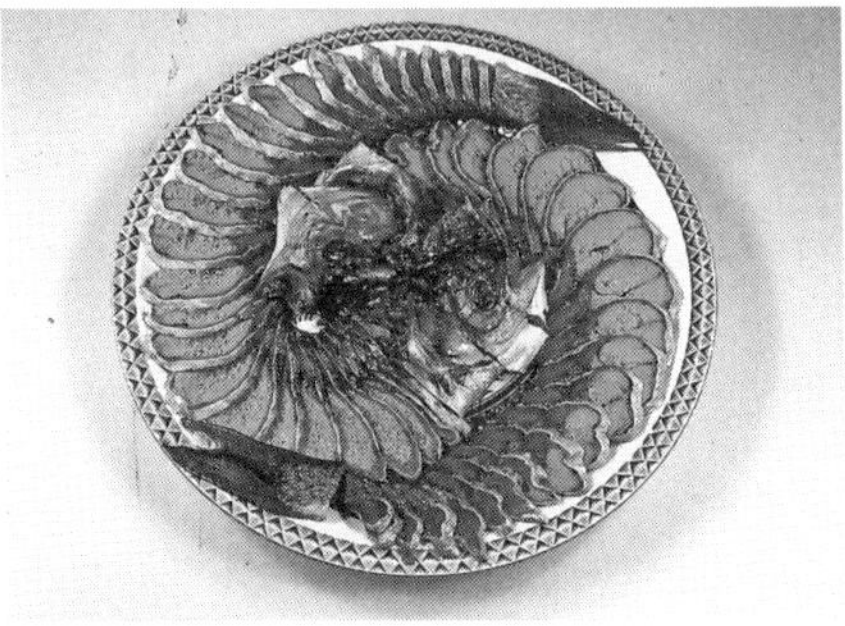

図3　滋賀県のフナずし（高島市）　ご飯粒は、ほとんど落としてある。

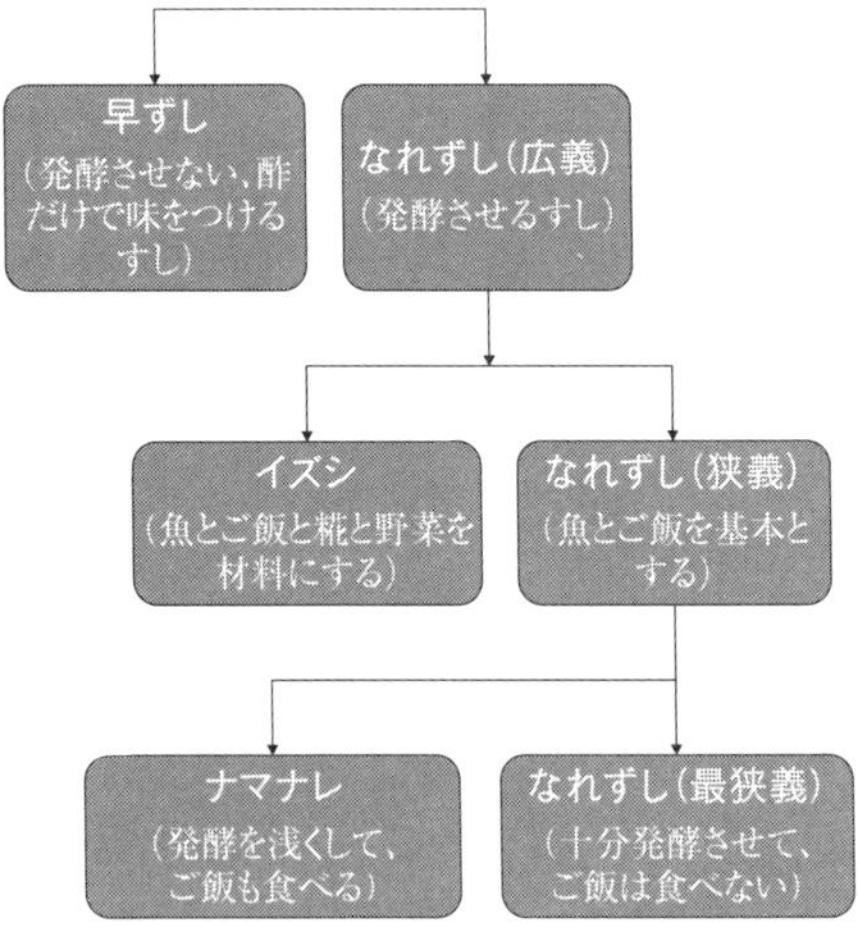

図4　「なれずし」という単語の諸相

法がそのまま古代のものとはいえないが、ご飯は食べないという点で、当時のすしの状況をしのばせる。なお、この古代のすしを「なれずし」と呼ぶ人があるが、この語は意味する内容がしばしば異なる。ここでいう古代のすしは図4の中の「なれずし（最狭義）」を指すもので、本稿では「ホンナレ」と呼ぶ。また「なれずし（広義）」のものは「発酵ずし」と呼ぶことにする。

すしのご飯との出会い　古代のすしのようなホンナレの時代、すしは上流階級のものであった。魚を食べる料理であって、ご飯は捨ててしまう。考えてみれば奇妙なほどぜいたくな作り方であるが、

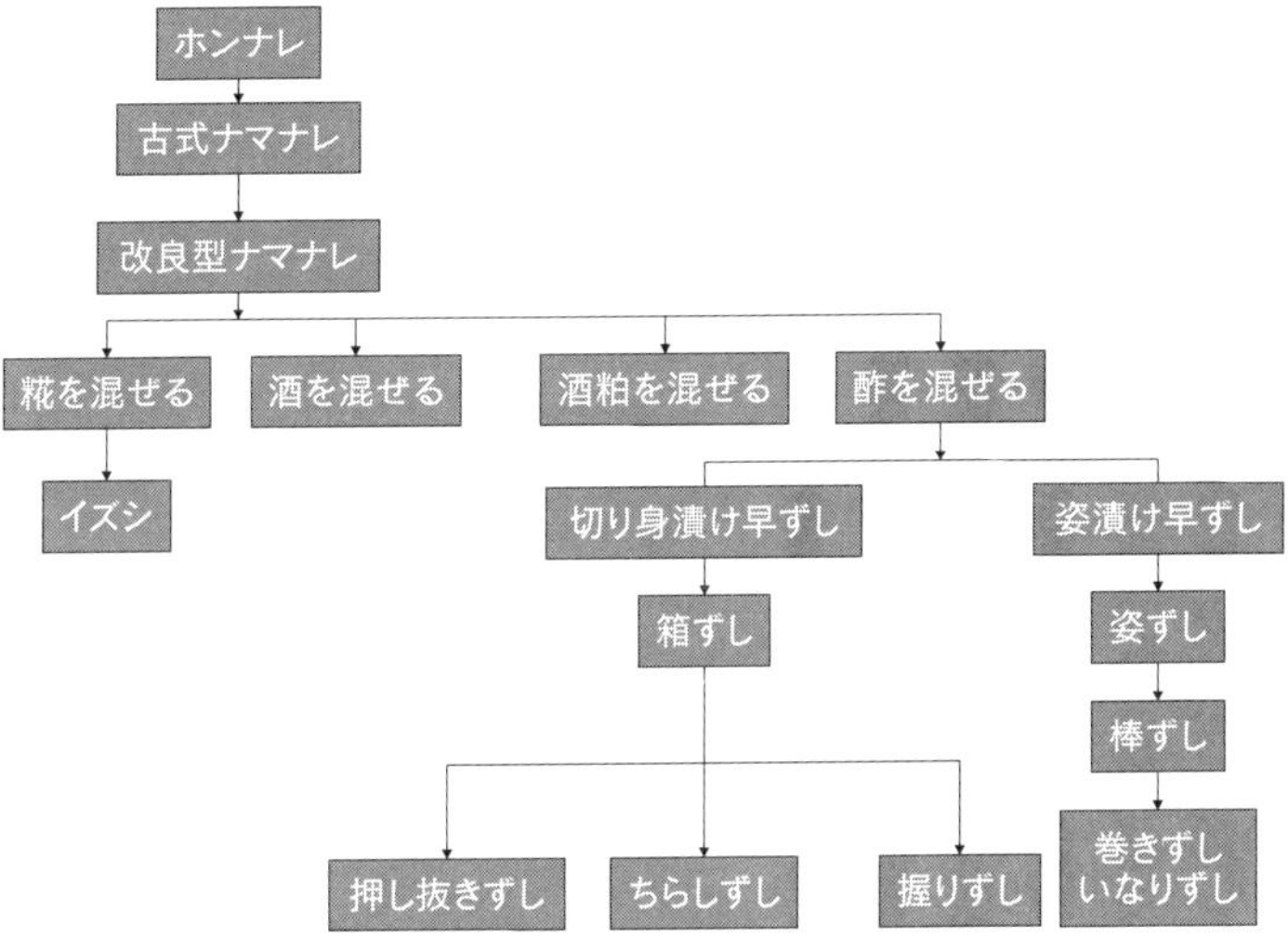

図5　すしの系譜

これが上流階級しか作りえないものであった。

ところが、平安時代の荘園開発によって日本全国で水田面積が上昇し、鎌倉時代の肥料の普及によって単位面積当たりの収量が増加した。結果、室町時代になると米の収穫量は爆発的に増え、上流階級以外の人にも広がった。当然、すしも知られるようになる。庶民たちはそのおいしさに、すぐにすしのとりこになったが、不満も抱き始めた。まず持ったのは、ご飯を捨ててしまうことに対する不満であった。「もったいない……」。

そこでなされた改革はご飯を食べることであるが、従来のすしでは、ご飯がやわらかすぎた。発酵が進みすぎているのである。したがって、ご飯を粒状に残すために、発酵を浅く留めておいたのである。こうしてできた、ご飯も一緒に食べるすしを「ナマナレ」という。ナマナレの出現で、庶

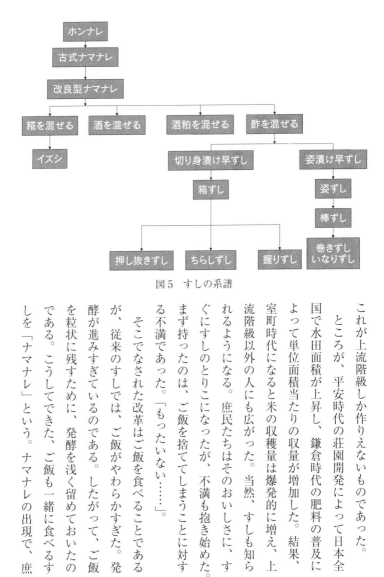

民たちが持ったもうひとつの不満、「もっと早く食べたい」という声にも応えることになった。

だが庶民たちは、もっと過酷な欲求を持つようになる。「もっともっと、早く食べたい……」。

ただ、ナマナレの出現で、発酵を早めることは限界に来てしまっていた。温かいと早く酸っぱくなることから「熱くすれば早く発酵が進む」と思ったか、まだ火の気のある消し炭の上にすしを置く者もあったが、それではご飯が焦げるだけで、発酵には何の関係もない。そのうち、発酵を早く進める発酵促進剤を混ぜてやればよい、という考えに落ち着く。

たとえば野菜の漬け物を考えた場合、単なる塩漬けと糀《こうじ》漬けとでは、明らかに糀漬けの方が早く浸かるし、早く酸っぱくなる。それと同じ理屈で糀を入れればすしも早く発酵するだろうと、糀入りのすしができ上がる。

また糀とは別に、手水に酒を使うことですしが早く酸っぱくなることを知っていた者は、積極的に、すしに酒を使う。さらにその酒は新酒よりも古酒の方がより適していることを知り、古酒は置いておけば酢に変化することをも知っていた。結果、いろいろなものを混ぜ込むという改良をしたナマナレができることとなった。これを旧来のナマナレ（便宜的に「古式ナマナレ」と呼ぶ）に対し、「改良型ナマナレ」と呼んでいる。時期は、改良によっても異なるが、おおむね室町末期から江戸初期の頃であったと思われる。

こうして江戸中期には、酢を混ぜるナマナレが、一般的には認められてはいた。ただしそれは発酵させないすし、すなわち現代のようなすしご飯の発生かというと、そうでもない。まだ酸っぱさの中心は発酵による乳酸であり、酢酸の酸味ではなかったのである。

その時代からあったわけではなく、もっと後世にできたものもあるとは思うのだが、今日全国に残存している「ナレズシ」のうち、たいていのものは、このナマナレである。古式ナマナレとしては長野県王滝《おうたき》村の万年ずし（イワナやニジマスのすし）が県の重要無形民俗文化財に、岐阜県岐阜市のアユずしが市の重要無形民俗文化財に指定されているほか、栃木県宇都宮市や三重県伊勢市、兵庫県北部の

図6　長野県王滝村の万年ずし　長野県重要無形民俗文化財に指定されている、ニジマスの万年ずし。

アユずし、和歌山県のサバずしやサンマずしなどがある。改良型ナマナレでは糀を使うものが福井県小浜《おばま》市のサバのヘシコずし（ぬか漬けのサバのすし）が市の重要文化財に指定されているほか、京都府京都市北部や丹波《たんば》地方のサバずし、熊本県八代《やつしろ》地方のねまりずし（アユやコノシロのすし）などがある。さらに糀と野菜を加えたものとしては北海道から東北地方の日本海側のいずし（ハタハタ、サケなどをダイコンやニンジンなどと一緒に漬けたすし）、北陸地方のカブラずし、ダイコンずし（ブリやニシンのすし）、岐阜県飛騨《ひだ》地方のねずし（マスやニシンをダイコンやニンジンなどと一緒につけたすし）、鳥取県山間部の

サバやシイラのすしなどがある。

岐阜県海津《かいづ》市にあったフナずしはフナの姿ぐるみを漬けた箱ずしで、魚にもご飯にも酢があててある。作る場に立ち会えば「おや、これはすし屋のにおいだ。すぐにでも食べられそうだ」と思ってしまいそうであるが、このフナは、うっかりすぐに食べてしまうと大変なことになる。背骨が取られていない。つまりこのすしには発酵期間が必要なのであり、一〇日ほどたってから食べる。まさに、江戸初期と同じような食べ方を要されているのである。

2 発酵ずしから酢を使うすしへ

二段階あった、江戸時代のすし 古式ナマナレを改良型ナマナレに変えた人は、よくはわかっていないが、おそらく庶民であったろう。奈良、平安、鎌倉と、少なくとも五〇〇年の長きにわたってホンナレの時代であった。すしは、ご飯を食べないことが当たり前で、おかしいとも直そうともされなかった。公家や貴族のやることはいかにも気の長いこと、といえば悪口に聞こえるだろうか。それが室町以降は、「もったいない」だの「もっと早く食べられないか」だの、きわめて卑近な欲望が実現している。そこには、すしが庶民の食物の範疇《はんちゅう》に取り入れられた、まさに庶民の力があったものと想像する。

それはこの後進んでゆく、すしの変遷史にもかかわっている。江戸時代には、すしは階層によって二通りの変化を起こす。

ひとつは公家や貴族などの上流階級、いわゆる古来すしを作り続けてきた人たちのすしである。正確にいえば、この人たちのすしは、江戸時代を通じて、ほとんど変化はない。発達していないのである。

たとえば、各地の大名家がその土地土地の名産品を将軍家に贈る「時献上《ときけんじょう》」という制度がある。すしも産物の一例で、一九世紀前期の『文化武鑑《ぶんかぶかん》』によれば、十数藩がフナずしやアユずしなどを納めている。その製法を見ると、詳細はわからないものは除いて、古式ナマナレや、酒を用いる改良型ナマナレである。それは「侵してはいけないもの」として、あるものは成文化し、あるものは口伝えで、次第に様式化する。そして、庶民のあずかり知らぬところで受け継がれ、神秘のベールに包まれて、多くが幕末まで続いていく。

その点、庶民のすしは違っていた。改良型ナマナレの出現でも満足できなかった。そのうちのひとつ、酢を使うすしから、やがては握りずしへの成型土壌を生み出す。

当初、酢は発酵促進剤として使われたと書いた。誤解されやすいので断っておくと、酢の酸味の中心は、もちろん酢酸である。その一方で、コハク酸や乳酸などの成分もある。現代の酢メーカーは後者の割合を左右して酢の味をコントロールしているわけであるが、江戸時代の酢は、今よりも乳酸成分の強いものであった。だからこそ、乳酸発酵させるナマナレに酢を加えても、さほど違和感はなかったのである。やがて、その中の乳酸よりも酢酸成分が、徐々に人に好まれるようになった。

人の味覚というのはやっかいなもので、たとえ「お上」が「明日から酢の味を乳酸から酢酸に変えよ」といっても、「右向け右」式に改まるわけではない。ましてや幕末まで江戸初期のすしの味を守っていた「お上」が、かようなことをいうわけもない。人々の日常生活の中で、五〇年から一〇〇年の年月をかけて、自然に変わってゆく。これが江戸時代半ばに起こった、発酵させるすしから発酵させないで酢を用いるすしへの変革であると考えられる。よく、「すしに酢を使用するのは一六九五年(元禄八)に没した御典医《ごてんい》、松本善甫《まつもとぜんぽ》の発明。店で買う時に、従前のナマナレのようなすしでは発酵させなければならないので『おじゃれ(いついつにおいでなさい)ずし』といっていたが、松本善甫のすしでは酢を使うため、発酵させる期間も要らず、『まちゃれ(そこで待っていなさい)ずし』と呼ばれるようになった」といわれるが、いわずもがなである。

なお、ひとつ申し添えるならば、明治維新期に将軍家という最大のパトロンを失った各大名家のすしは、一気に消えてしまう。一聞すれば、神秘のベールが取れて、すしは将軍家や大名家以外にも広がったのでは、と思われそうであるが、現実には逆であった。いかにナマナレが、庶民にとって時代錯誤な存在であったかを示すことになっただけである。尾張藩のアユずしの新たな献上先となった有《あり》栖川宮《すがわのみや》家も、「アユは塩糀《しおこうじ》漬けがよい」とのことであった。かつての公家でさえ、発酵ずしは形骸化していたのである。

庶民の早ずし　酢を使うすしのことを「早ずし」という。これも使う人によって意味が変わり、ある人は「酢を使う改良型ナマナレ」もそう呼ぶし、ある人は「発酵は一切させないすし」しかそう呼ばない。ここでは広い意味で、前者のことをそう呼ぶ。

さきほどすしの中の酢酸の比重が変わっていく時期を江戸中期と述べたが、もう少し詳しく書いておこう。以下は元禄年間（一六八八〜一七〇四）から享和年間（一八〇一〜〇四）の、料理本の記事である。

一六八九年（元禄二）の『合類日用料理抄《ごうるいにちようりょうりしょう》』に、すしの製法が出ている。大半は古式ナマナレであるが、中には改良型ナマナレもあって、粕《かす》や糀を使ったもののほか、酢を使うものでは「鮒早鮨」の記載がある。すしはまだナマナレの時代であった。この本が刊行されてから七〇年ほどたった一七六〇年（宝暦一〇）の『献立筌《こんだてせん》』には、「早すし」と並んで「鮓もどき」が載っている。酢を使うすしはあるにはあるが、まだ「もどき」扱いであった。これが一八〇二年（享和二）の『名飯部類《めいはんぶるい》』の頃になると、様相が違ってくる。

『名飯部類』は大阪の版元で、わが国唯一といってよいほどのすしの専門書である。著者は杉野《すぎの》権《ごん》右衛門《うえもん》という京都の医者であった。そんな筆者が、発酵ずしで名高い近江《おうみ》のフナずしは食べたことがないという。同じ関西のすしであって、しかも筆者は医者というインテリで、なおかつ、すしの専門書を書こうというほどの人なのに、である。彼がいうには、従来のようなすしは多くの人の口には合うものではなく、魚を酢で洗ってからご飯にあわせて、半日程度おいてから口にするものだという。つまりこの頃のすしは酢を使うものが一般的で、ナマナレを指すことはなかったのである。

ところで、ナマナレには二系列があった。できあがりが頭も尾もついていて、一尾の魚の姿を呈する（姿《すがた》ずし）か、あらかじめ魚を切り身にしてしまい、仕上がりが一尾の魚の姿を呈さないもの（切り身ずし）かである。アユずしやフナずしは前者であろうし、サケずしは後者に入ろう。おそらくこういう系列は、ホンナレの頃から別れていたものと思われるが、その双方で「早ずし化」が始まって、さまざまなすしができる。

そこにあるのは、「もったいない」「もっと早く食べたい」から改革するわけではなく、「もっと楽に作りたい」という「わがまま」な考え方であった。いや、考えてみれば「もっと早く食べたい」のも「わがまま」な願いである。「もっと早く、もっと楽に食べる」というのは食べ物をあれこれいじりまわす、ある意味でぜいたくな面もあるが、きわめて庶民的な欲求だった。「わがまま」は、ここでは、ほめことばとして用いている。

大商人のような者ではない、もっと小規模な金持ち、いわば「小金持ち」とでもいおうか、江戸で羽振りのいい商人たちが粋を競っていたのが明和、安永、天明期の頃（一八世紀後半）。この後、世のぜいたくを戒める寛政の改革で町人勢力がややかげりを見せたが、ついで時代は享和、文化年間へと移る。こちらは江戸町人の文化である。すしが大変革を迎えるのは「小金持ち」の商人や町人が元気であった、この時代なのである。

姿ずしの進化　ここではまず、姿ずしの変遷を見てみよう。たとえばアユの腹を出して塩をし、そこにご飯を詰めたものを考える。これを桶や箱に詰めて発酵させる。ここにアユとご飯、塩以外に用いていなければ古式ナマナレであるし、発酵促進剤として酢を一緒に使うようになれば、発展型への一段階である改良型ナマナレとなる。それが何十年も経つうちに発酵は薄れ、酢の酸味が台頭してくるわけである。

ここで、ひとつの「わがまま」が始まる。「桶や箱を使うのは面倒だ。何かほかのものはないか?」出てきたのがふきんである。これなら出したりしまったりするのは桶や箱より簡便であるし、容易である。第一、かさばらない。こうして、ふきんで押し固める姿ずしができた。ところが人々は、これに対しても、また別の不満が出てきた。

箱で作るにせよふきんを使うにせよ、姿ずしの中で、食べるのに一番不便な部分はどこか。答えは「頭」であろう。発酵させるすしなら頭骨もやわらかくなるが、酢を使うすしはそれも望めない。極端な場合、頭ははがして捨てられ、すしご飯だけが食べられる。あるいは尻尾に近い部分も同じ運命である。最初は頭だけを落としたが、それなら初めから頭と尻尾を切り落としてやろう、いうことになる。さらに中骨も取って、三枚におろしてからすしを作ってやろう、ということになる。こうしてできたのが棒《ぼう》ずしである。

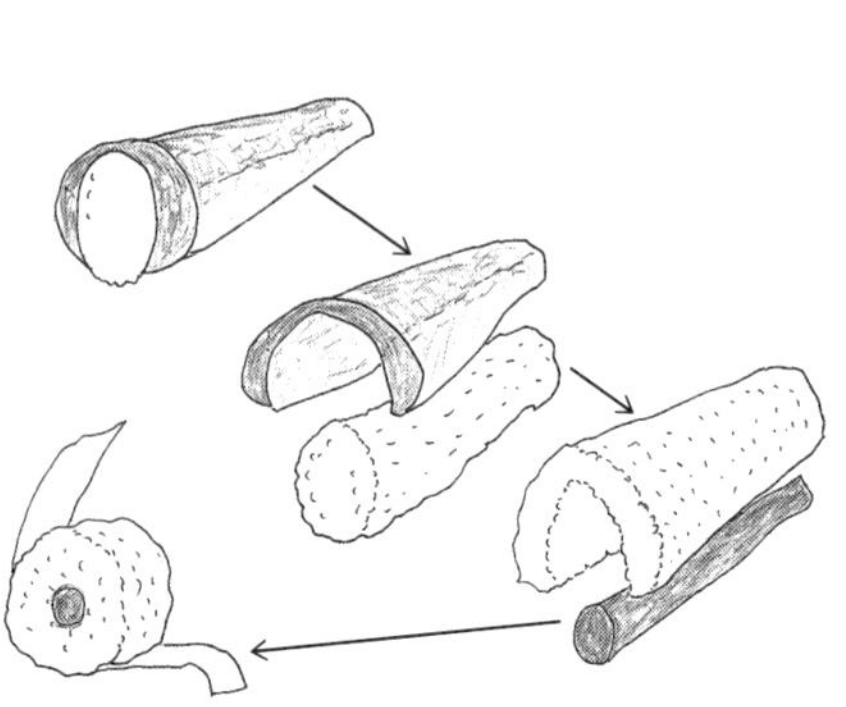

図７　棒ずしから巻きずしへ

さて、この頃になると、食べ物は道楽としても楽しまれるようになった。以下の話は筆者の推論である。舞台は江戸の小料理屋で、どこかのお店《たな》の主人らしき男が酒を飲んでいる。そのうち酔いが深まって、酒肴に難癖をつけ始める。板前を呼びつけ、目の前の棒ずしを指してこういった。「こんな当たり前のすしではなく、見たこともないすしにしてみろ」。板前は驚いたが、一生懸命考え、やがて、ご飯と具の位置を逆にしたすしを考え出した。つまり、棒ずしは棒状にしたご飯のまわりを魚で囲んでいるが、魚を芯にしてぐるりをご飯で巻くすし、巻きずしの原型ができた。

ただし、それを輪切りにしたのでは、手がベタベタする。それを防ぐために、魚の皮や和紙などで巻いた。しかしそうすると、口に入れる前にはがさなければならない。それも面倒だ。だったら最初から食べられるもので巻こう。というわけで、のりや玉子焼きで巻くものができた。漬け物の葉で巻くものもあった。コンブやワカメを使うものもあった。これが筆者が考える巻きずしの発祥である。一七七〇年代から文献に出てくる。

油揚げを使うものもあった。これが油揚げずし、すなわち稲荷《いなり》ずしのもととなる。こちらは文献に現れ出すのが一八四〇年代である。絵画資料にも登場し、すし売りの多くが包丁とともに描かれている。姿ずしよろしく、輪切りにして売っていたのである。また、当時の稲荷ずしは「下直《げじき》」とされたが、いいかえるなら「気軽で安い」。このためか、ほかのすしを売る店では嫌われ、稲荷ずし屋は稲荷ずしばかりを売ることが多かった。

図8 『近世商賈尽狂歌合』の稲荷ずし売り（国立国会図書館所蔵） 包丁を持っており、切り売りをしている。

切り身ずしの進化　切り身ずしは箱ずしに収斂《しゅうれん》される。箱ずしは箱に詰めて押しをかけ、箱から抜き出して切って食に供する。これに対して庶民が抱いた不満は「切る」ことで、この工程をなくすためには三つの系統があった。

ひとつは、箱を小さくすることである。最終的にはひと口サイズにまで縮めることを可能にした。包丁で切り分ける必要がない。これを「押し抜きずし」という。最初は単なる直方体であったが、やがて梅花や扇形などもできた。

もうひとつは、箱から抜き出す工程を見直した、といえば聞こえがいいが、ここにも「わがまま」な気持ちがあって、要するに「手抜き」をした。箱から出さずに中味を取り出そうとしたのであるが、せっかく押しつけたすしがばらばらに崩れてしまう。後にへらなどですくい取ろうとした。これを「起こしずし」「すくいずし」と称し、大坂では売り物にしたともいう（『名飯部類』）。今でも静岡県伊豆地方（原保《わらぼ》ずし）や京都府北部（ばらずし）、佐賀県白石町（寿古《すこ》ずし）などで、郷土ずしとして残っている。

しかし、それでもやはり、すしは一塊をなさない。それならば、最初からすしは一塊をなさないものと見ればよい。つまり、箱の中できれいに押しつけなければよい。こうして、五目ずし、ちらしずしができるにいたる。発酵させる、させないはさておき、古来、多かれ少なかれ、すしは押しをかけるものであったのだが、ここに、世にもめずらしい、「押さない」すしができあがったのである。

なお、今、「五目ずし」と「ちらしずし」とを分けて書いた。これがはたして同じすしか否か。じつは江戸時代から二説あって、どちらも正答であるといえる。現代では、多くの人が同じ意味で使うが、静岡県御殿場市《ごてんば》では、具をご飯に混ぜてしまうのが五目ずし、混ぜないで上から散らすのがちらしずしだとすると聞いた。また、現在の関西地方では「ばらずし」と呼ぶことがあって、呼び名の差異は大きい。

先にも出した一八〇二年（享和二）の『名飯部類』には、たくさんのすしの製法が載っている。発酵ずしではホンナレありナマナレあり、酒を使った改良型ナマナレもある。早ずしでは姿ずしがあり棒ずしあり、のり巻きも玉子巻きもワカメ巻きもあり、起こしずし（すくいずし）あり、五目ずしやちらしずしがあり……。さらに、今でも関西地方で有名な「あたためずし（ご飯も具も温かいうちに作って食べるもの。近年では「ぬくずし」と呼ばれる）」や、高知県で田舎ずしのひとつとして人気が高いタケノコの巻きずし（細いタケノコをゆでて節を抜き、中にすしご飯を詰めたもの）、ウナギの蒲焼《かばや》きのすしありと、まさに今日のすしと何ら変わりのないようなラインナップである。

さて、切り身ずしの派生の三つ目であるが、すしをひと口大に握るという方法である。ただし、箱の中にもう一度すしを詰め直して、押しをかけた。せっかくひと口大に握っても、再びまとめて押しをかければ、ご飯同士がくっついて、結局、食べる時には包丁を使わねばならない。そこで、すしを葉で巻いてから押した。これならば押しをかけても、すし同士がくっつかない。理屈からいえば、これはまさしく握りずしだといえるのであるが、現在の「握りずし」とはちょっとイメージが違う。今でいえば、奈良県の柿の葉ずしの製法と同じである。

これを「昔ながらの握りずし」としておこう。これは江戸で流行したのだが、箱を使うのは手間がかかる。そこでまたまた「手抜き」をした人がいる。箱をなくしてしまい、箱の代わりに手を使ったのである。つまり、手でしっかり握ることによって、押しを終わらせた。これが「握り早漬け」と呼ばれたもので、われわれがいうところの「握りずし」である。また、大がかりな箱で押すと魚の中の脂分が抜けてしまうが、こちらなら手で加減ができて、魚のうまみも逃がさない。そうして一気に人気に火がついた。文政年間（一八一八～三〇）の初め頃のできごとであった。

3　握りずしの時代

台頭する握りずし　握りずしの発明は、江戸の本所横網《ほんじよよこあみ》で、「昔ながらの握りずし」を売っていた華屋与兵衛《はなやよへえ》だといわれている。しかしながら、与兵衛自身も名乗っているように、「握りずし」自体はそれまでにもあったのであり、彼は「握り早漬け」、つまり今流の握りずしの元祖である。その意味では「握りずしの大成者」といった方がよいのかもしれない。また、握りずしの大成者にはほかの説もあって、本当かどうか、定かでないのが実状である。

今ひとつの握りずし発祥の店は、深川《ふかがわ》のいさごずしである。店があった安宅《あたけ》は安宅《あたか》、すなわち石川県小松市にある、義経と弁慶ゆかりの松の名所を思い起こさせる。また主人の名前が堺屋松五郎といったことから、「松がずし」「松のずし」などと呼ばれていた。

再三いっているが、この握りずしは庶民起源の食べ物である。値段も本来は安いもので、一八五三年（嘉永六）の『守貞謾稿《もりさだまんこう》』には玉子、エビ、ソボロ、白魚、マグロ、コハダなどたいていの握りずしが八文《もん》、玉子巻きが一六文、と書いてある。ところが一八〇〇年代に江戸庶民による化政《かせい》文化が花開き、中葉の頃には外食産業が盛んになる。庶民にはもっぱら屋台や露店などであったが、大店《おおだな》の主人クラスには料亭などである。こちらは食べ物を粋な遊びの材料として扱う。その結果、本来安かった料理の値段を、もちろん材料や作り手、さらには食べさせる場も吟味しつくしてだろうが、とんでもなくつり上げる店が出てきた。すしも例外ではなく、その第一人者が「松がずし」こと、いさごずしであった。

図９　華屋与兵衛画像（小泉達二氏所蔵）

　そろばんづくならよしなんし　松がずし

　松がずし　一分べろりと　ねこが食い

当時詠まれた川柳であるが、そろばんずくなら松がずしはやめた方がよい（高いから）。松がずしは、一分分くらいはネコでも食べられてしまう、という意味である。一分とは、時代によっても異なるが、だいたい一七〇〇文くらいである。ひとつ八文とされた庶民のすしと比べると、その高価さが実感できる。

続く天保時代には天保の改革が行われ、幕府財政が緊縮された。庶民も奢侈《しゃし》、つまりぜいたくは禁じられ、違反するものは取り締まりの対象になった。すし屋も、値段の安い店ならよいが、いさごずしをはじめ、一説には二〇〇人以上ものすし屋が、ぜいたく禁止の罪に触れて手鎖《てぐさり》などの処分を受けた。かつては小さなすし屋であった与兵衛ずしも、この頃には両国《りょうごく》で大店舗を構える店を持ち、価格も高くなって、処罰された。

しかし、天保の改革は失敗に終わる。処罰されていた高値のすし屋は許され、復活した。喜んだのはそれらの店の常連ばかりではなく、無関係の庶民たちもいた。彼らにとっては「いつかはオレもあの店ですしを食うんだ」という、一種の目標でもあったのだろう。

江戸・東京の郷土料理「握りずし」が日本全国へ　江戸の後期、冷凍はおろか、冷蔵技術もない。鮮魚が多用される現代の握りずしなど作りえない。当時には当時の食品保存法があった。それが下仕事で、たとえば塩で締める、酢で締める、であったり、ゆでる、焼く、蒸すなどであったりする。しょうゆにつけておく「ヅケ」という方法も、もともとは腐敗させないためであった。一九一〇年（明治四三）の与兵衛ずし主人四代目の弟・小泉清三郎（迂外）の筆になる『家庭　鮓のつけかた』には、当時の与兵衛ずしが出していたタネの加工法が書いてあるが、すべて下仕事がなされている。やはりこの時代でも、必要であったことがわかる。

ところで、この仕事のことを「江戸前の仕事」ということがある。また、握りずしを称して「江戸前ずし」ということがある。「江戸前」というのは江戸湾、すなわち東京湾のことで、もともとはウナギ屋のことばであった。それが幕末にはすし屋のものとして使われたのである。本来は東京湾で獲れた魚だけに用いるのであろうが、今では単に「江戸風の」といった意味で使われている。

図10 『家庭　鮓のつけかた』の口絵に使われた、川端玉章筆「すし図」 今に比べて、握りが大きかったことがわかる。

ともあれ握りずしは江戸の街で好評を得た、いわば江戸の郷土料理である。地方においては、大都市には出す店も少しはあったろうが、まず食べることのできないものであった。それが今や日本中にある。そこには数個の歴史的エポックがあった。

明治維新によって、江戸は東京と名を変えた。新たに世を担うことになった明治新政府の大きな仕事に、前政権・江戸幕府が結んだ不平等条約の改正があった。そのために、わが国は、当時の一流国の文化を積極的に取り入れて、一流国の仲間入りを図った。すべてを新しい文

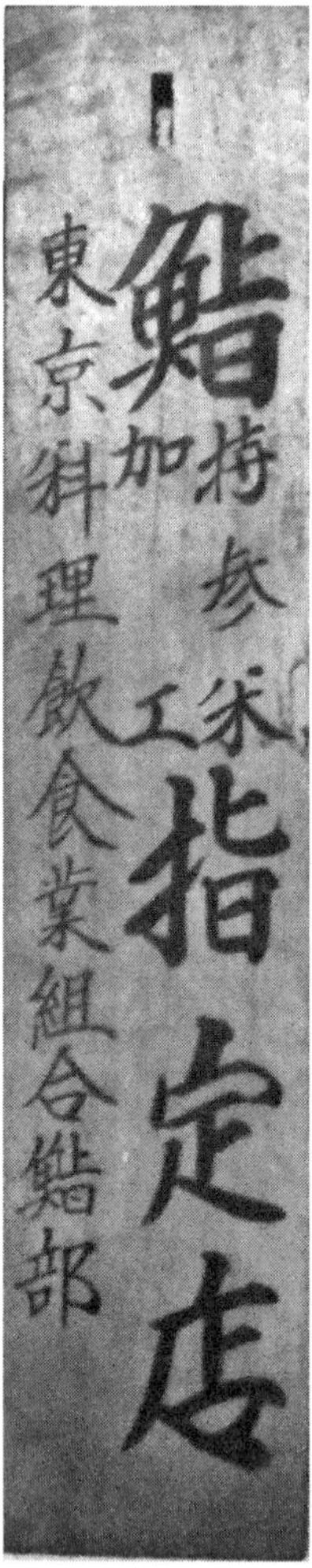

図11 「飲食営業緊急措置令」施行下の指定店の看板（宝来鮨所蔵） 「持参米」が泣かせる。

化文物で染め、結果、全国にあった数々の地方文化を東京の文化に合わせようとした。すしも、東京で流行していた握りずしに統一されることになった。

ただ、幸か不幸か、この明治新政府の思惑は不成功に終わる。まだ握りずしは東京の郷土料理であったが、一九二三年（大正一二）の関東大震災では、この状況とは違ったことが起こる。罹災後、瓦礫と焼け野原の中でようやく生き残った人々の中には、東京での復興をあきらめたか、ふるさとへ帰る人も多くいた。その中にすし職人もいた。彼らは結果的に、ふるさとへ東京の料理を伝えたのである。昭和に入って太平洋戦争末期の様相も同じで、空襲の戦火の中を逃げ惑い、ふるさとに逃げ込んだ。すし職人もである。日本史上、ふたつの類を見ないような惨事が、すしにとっては、全国区になるきっかけになった。

さて、最後のエポックは一九四七年（昭和二二）のことである。その二年前、太平洋戦争は終わっていたが、食糧難はまだまだ続き、日本は連合国に向けて食料援助を申し出た。その際、米が闇で出回っていては困るというので、ある一部の食堂を除く、すべての飲食営業施設で、米を供することを禁止する「飲食営業緊急措置令」が発令された。これで和食屋も洋食屋も中華料理屋も、高級な店もそうでない店も、ご飯は出せないことになった。ところが、東京のすし屋だけは「われわれは飲食業ではない、加工業だ」といい張った。「すしにする米は自前で持ってきて、タネの魚は統制から外れた川魚や貝類だけに限った」という当時のすし屋の実業実態を訴えるとともに、「すしを握る行為は素人では無理なことで、職人芸である」と、多少手前勝手な理屈をつけつつ、意見を述べた。

それを、警視庁並びにGHQが認めてしまった。「それならば私の県でも」と、各県のすし組合が、次々と認められた。ただ、東京のすし組合の条件は「米一合で握り一〇カン」、つまり客が一合の米を持ってくれれば握りずし一〇個を返す（二カンは巻きずしに変えてもよい）、と決めてあった。ゆえに、次から許可を取ろうとしたところは、全国どこでも、同じ文章「握り一〇カン」を綴《つづ》ることになる。したがって、すし屋が正当な商売をするには、握りずしでしか行えなかった。しばらくして食糧難など忘れ去られてしまうと、自動的に「飲食営業緊急措置令」もなくなるわけであるが、その頃には全国すべての地で、握りずしが定着してしまっていたのである。

すしの未来　何ヵ月も漬けて保存した昔の発酵ずしから、「握ってから一分以内に食ってくれ」とまでいわれる握りずしまで、すしはさまざまに姿を変えた。一八〇度にもおよぶ変化もさることながら、注目すべきは、どれもがみな「すし」と呼ばれていることである。それは、われわれの祖先たちは、新しいすしを生み出す時、必ず古いすしをも残してきたからである。ゆえに、現代でもホンナレやナマナレが食べられるのである。

かのバブルに沸いた時、いや、近頃のB級グルメ時代でもそうであるが、すしを手狭に決めてしまう傾向にある。「〇〇じゃなければ、本当のすしとはいえない」のようにである。でもすしは、特に庶民のすしは、そんな枠を取り払って「わがまま」を聞き続けてきた。

握りずしは、箸で食べるのと手でつまむのと、どちらが本当？ しいていえば、カウンターで食べる時は手で、小上がりの時には箸で、であるが、そんなもの、どちらでもよい。

図12 現代の「江戸前ずし」（弁天山美家古寿司）

握りずし屋で、注文する順番は？ 個人の自由である。回転ずしは偽物のすし屋？ 冗談ではない。屋台のすし屋は握りずしができた時からあって、しかもその商法は、客ができあいのすしを取って食べるという回転ずしと同じ方法であった。「本当のすし」とは何か？ その答えは、まさに十人十色なのである。

さて、先の高度成長期以来、家庭ですしを作る機会が減った。家庭は核家族化する一方で、外食が最高のごちそうとなったからである。それは今も続いていて、少子化や個食化などの問題があるほか、低廉なすし屋やコンビニの普及などで、ますます拍車はかかる。なんでもかんでもが、「すしなんて買って食べればいいじゃないの」と仕向けているような気さえする。もはや「それが今の時代だよ」といいたくなるが、すしはそうではない。ひとつの波が起こったときでも、ちゃんと昔のものを大切にした。その心が生きている。

すしの未来は洋々としている、はずである。かつて、あるすし屋で、「マグロが捕れなくなるなんて、すしはどうしたらいいんだろう」と嘆く学者と同席したことがあるが、「すしにはマグロが不可欠」になったのは大正時代になってからである。それより前の数十年、いや発酵させるすしの時代も含めれば千数百年間、そうでない時代があった。人々はその時代時代において、おいしいものを選んですしを作り、おいしく味わってきた。もしマグロがいなくなれば、きっと代わりの「おいしいもの」が出てくるはずである。心配ない。

すしは魚食の代表といいながら、他方では油揚げのすしがある。今、回転ずしではハンバーグやからあげのすしが人気があるという。すしは、魚食ばかりともいえなくなった。将来、ご飯ではなくてほかのものが主体となるかもしれない。すしはスウィーツになるかもしれない。何が起こるかわからないのが、すしの将来である。

参考文献

石毛直道　一九八七年「東アジア・東南アジアのナレズシ　魚の発酵製品の研究(2)」『国立民族学博物館研究報告』一一巻三号（のち一九九〇年、石毛直道・ラドル、ケネス『魚醤とナレズシの研究―モンスーン・アジアの食事文化―』岩波書店）

小泉清三郎　一九一〇年『家庭鮓のつけかた』大倉書店（のち一九八九年、吉野昇雄解説『偲ぶ与兵衛の鮓』主婦の友社）

篠田　統　一九六六年『すしの本』柴田書店（のち一九七〇年、増補版）

永瀬牙之輔　一九三〇年『すし通』四六書院（のち一九八二年、『日本の食文化大系』東京書房社などに復刻版あり）

日比野光敏　一九九七年『すしの貌―時代が求めた味の革命―』大巧社

一九九九年『すしの歴史を訪ねる』岩波新書

二〇一六年『だれも語らなかったすしの世界―わが国におけるすしの文化誌史的研究―』旭屋出版

宮尾しげを　一九六〇年『すし物語』井上書房（のち二〇一四年、講談社学術文庫）

吉野昇雄　一九八二年「すし風俗史」『味匠―伝承一〇〇〇年の料理―　すしの系譜』講談社

一九八九年『偲ぶ与兵衛の鮓』主婦の友社

一九九一年『鮓・鮨・すし―すしの事典―』旭屋出版

イノシシとシカ——山の獲物から害獣・ジビエへ——

藤井弘章

1　肉食の中心から脇役への変化

古代の肉食隆盛期　日本に生息する野生のイノシシには、本州・四国・九州に生息するニホンイノシシと、南西諸島に生息するリュウキュウイノシシの二亜種がある。ニホンジカ（以下、シカと表記する）の場合は、北海道に生息するエゾシカ、本州に生息するホンシュウジカ、屋久島《やくしま》に生息するヤクシカなどの亜種がある。

日本列島では、イノシシ・シカともに、旧石器時代以来、現代に至るまで重要な狩猟獣であった。縄文時代には、さまざまな獣肉が食用とされていたが、遺跡から出土する動物遺体のうち、シカとイノシシが全体のほぼ八〇％を占めている。つまり、縄文時代にはこの二種が肉食の中心的存在であった（西本　二〇〇八）。

弥生時代以降、しだいに米依存型の食形態が形成されていったが、イノシシ・シカをはじめとする獣肉食は依然として盛んに行われていた。犬を使った狩猟も行われるようになった。弥生時代には、大陸から渡来したブタの飼育も行われるようになった（西本　二〇〇八）。

その後、大和朝廷は、諸国に海人部《あまべ》・山守部《やまもりべ》を定めて海や山の産物を贄《にえ》として納めさせたが、『日本書紀』『古事記』によると、飛鳥時代までは、天皇もイノシシやシカの肉を食していたことがうかがえる。ところが、律令国家が成立すると、仏教の影響により、肉食を禁止する法令が出される。六七五年（天武天皇四）、天武《てんむ》天皇により最初の肉食禁止令が出され、牛・馬・犬・猿・鶏の肉食が禁止された。この肉食禁止令については、仏教による国家の統制、稲作を中心とする農耕の推進など、さまざまな意図があったと考えられている（原田　二〇〇五）。ただし、当時の最も主要な狩猟獣であったイノシシ・シカは禁止の対象外であった。

『万葉集』には、シカの各部位が天皇にどのように役立つかを賞賛した歌が収録されている。ここでは、内臓が膾《なます》や醢《ししびしお》として食用に供されており、古代における肉食の度合いが高かったことを示している。この時期の狩猟は、食糧の確保という意味だけではなく、王権の武力の象徴、薬猟《くすりがり》、害獣の排除、占い、農耕の予祝などの意味があったと思われる。

肉食禁忌の浸透期　奈良時代以降、殺生禁断令がたびたび出されるようになり、八世紀にはイノシシ肉・シカ肉を食べることの禁止、イノシシ・シカの貢進の停止、なども命じられるようになった。ただし、『延喜式《えんぎしき》』（九二七年完成）には中男作物《ちゅうなんさくもつ》（一七〜二〇歳の男子が納める郷土の産物）などとして、「鹿脯《かのほしし》」・「猪脯《いのほしし》」（干し肉）、「鹿鮨《かのすし》」・「猪鮨《いのすし》」（塩漬け肉を飯に押し込み発酵させたもの）、「鹿醢《かのししひしお》」（塩蔵発酵させたもの）という、イノシシとシカの肉類加工品が登場している。また、『倭名類聚抄《わみょうるいじゅしょう》』（九三五年成立）には、当時の二百余種の食品のうちにイノシシ・シカが取り上げられている。しかし、平安時代には肉食を穢《けが》れとする触穢《しょくえ》思想が形成され、貴族の正餐《せいさん》からはイノシシ・シカをはじめとする獣肉は姿を消していった。

一方、貴族以外の人々の間では、イノシシやシカの肉は食用とされていた。『今昔物語集』には、京都にもシカ肉が供給されるルートがあったことを示す話が出ている。また、京都で布教した空也《くうや》のいでたちは鹿杖に鹿皮の衣であり、彼らがシカなどを対象とする狩猟者と関係があったことをうかがわせる。

鎌倉時代には、武士の間でイノシシやシカを中心に巻狩《まきがり》が行われた。狩猟は武士にとっての鍛錬・訓練の場であった。捕獲されたイノシシやシカは食用にされるほか、皮は武具の材料として利用された。公家の間では肉食の禁忌が広まっていたが、まったく獣肉を食べなかったわけではなかった。たとえば、室町中期の『尺素往来《せきそおうらい》』には美物としてイノシシ・シカがあがっている。また、鎌倉をはじめ、各地の中世都市からも、イノシシやシカの骨が出土している。鎌倉・室町時代にも、イノシシ・

シカは武士や農民を中心として、全国的に食用にされていたことがうかがえる。しかし、牛・馬などの家畜を食用にすることは減少していった。

江戸時代になっても農山村におけるイノシシ・シカの狩猟は盛んに行われていた。農耕地が拡大するにつれ、イノシシなどによる農作物への被害も甚大になっていた。このため、各地でイノシシを防ぐ猪垣《ししがき》が築かれ、駆除のための狩猟が行われた。ただし、幕府による銃規制や生類憐《しょうるいあわれ》みの令などにより、狩猟は制限されていた。また、武士の軍事訓練としての鷹狩《たかがり》においても、イノシシ・シカは捕獲された。

一方、江戸をはじめとする都市部でもイノシシ・シカ肉は食べられていた。一六四三年（寛永二〇）の『料理物語』には多くの鳥・獣の肉が取り上げられている。このなかに、イノシシ・シカも登場する。江戸には「ももんじ屋」と呼ばれる獣肉店があり、イノシシ肉をはじめ各種獣肉を扱っていた。江戸後期の文化文政期には、オランダ医学によって肉食の効用が伝えられたこともあり獣肉店が増加したが、肉食忌避思想も根強かった。そのため、シカ肉は「紅葉」、イノシシ肉は「山鯨《やまくじら》」「牡丹《ぼたん》」と呼ばれて食用とされた。一八三二年（天保三）刊行の『江戸繁昌記《えどはんじょうき》』には「山鯨」の項に、江戸には「薬食舗」と称する店が麹町《こうじまち》の一ヵ所だけであったものが、二〇年間で数えきれないほどの店が出るようになった、と記している。こうした店では、イノシシ・シカなどの肉はネギを入れた鍋で出したようである。江戸後期、薬食《くすりぐ》いと称してイノシシやシカなどの獣肉を食べることは江戸以外でもみられた。シカを奉納する神事を続けていた信濃《しなの》の諏訪《すわ》大社《たいしゃ》では、シカや四足の動物を食べることを許可する「鹿食免《かじきめん》」という神札《しんさつ》を発行していた。

一方、肉食禁忌が乏しかったアイヌや琉球《りゅうきゅう》では、近世でも肉食の度合いは高かった。アイヌは狩猟への依存が高く、シカ・クマなどが捕獲された。琉球ではブタの家畜化が進んだが、野生のイノシシも捕獲されていた。

明治以降の肉食隆盛期における限定的普及　明治時代になると、いわゆる文明開化により、都市部では肉食の禁忌が急速に薄れていき、牛肉・豚肉を中心に肉食が広まった。農山村においては、イノシシ・シカ肉をはじめ、さまざまな獣肉は江戸時代に引き続いて食べられていた。ただし、昭和初期においても、イノシシなど四足の獣肉を食べるときは家の外で食べる（高知県）、囲炉裏で煮炊きすると罰が当たる（福井県）、などという家も存在した（『日本の食生活全集』）。

農山村における獣肉食は自給的な性格が強いが、明治以降には江戸時代に比べると獣肉の販売・流通も活発になっている。これは、肉食禁忌が薄れたこと、政府の方針による狩猟解禁、などが背景として考えられる。鳥獣にとっての受難時代といわれるほど、明治時代は大規模な鳥獣の狩猟が行われたのである。

捕獲頭数の増加により、イノシシ・シカ肉の流通もみられた。たとえば、長野・静岡県などでは、イノシシ・シカなどの肉や皮などを扱う「山肉屋」という商売ができ、長野県飯田市や静岡県静岡市などの都市部で獣肉を販売することがあった（野本　一九八七）。このようなイノシシ・シカ肉の流通は近畿や九州の山間部でもみられた。ただし、イノシシ・シカの肉食は、これらを捕獲する農山村、およびその周辺の町における流通にとどまることが多かった。

しかしながら、都市部においては、イノシシ・シカの肉食が全国規模で肉食の主流となることはなかった。昭和初期における全国の食習俗を記録した『日本の食生活全集』によると、都市部でイノシシ肉を食用にした事例は二例のみである。そのうちの一例である兵庫県神戸市では、冬になると同県の丹波《たんば》地方から、「肉、肉、しし肉」といってイノシシなどの肉を売りに来たという。丹波篠山《ささやま》は、現在、イノシシの鍋料理である牡丹鍋で有名な地域である。牡丹鍋は、明治時代に篠山に駐屯していた陸軍の部隊が、訓練で捕獲したイノシシを汁物で食べていたことが起源であるという。丹波篠山は、現在に至るまで、西日本におけるイノシシ肉流通の拠点となっている。

このように、イノシシ肉の集積地に近い地域では、都市部であっても肉が販売されることがあった。ただし、都市部における肉食の中心はあくまで牛肉・豚肉・鶏肉であり、イノシシ・シカなどの獣肉は地域によってはまれに売りに来る、という程度のものにすぎなかった。家畜化された牛・豚・鶏などと異なり、野生動物としてのイノシシやシカは、都市民にいきわたるほどの安定した供給ができなかったと思われる。

2　民俗知識と狩猟方法

鳥獣狩猟のなかのイノシシ・シカ猟　千葉徳爾や野本寛一などの狩猟民俗研究によると、明治時代にはイノシシは東北北部から九州・沖縄まで、シカは北海道・東北から九州まで生息していた。明治時代の狩猟ブームなどにより、昭和初期にはイノシシ・シカともに生息範囲をせばめていたようで、イノシシは東北南部から沖縄、シカは局地的に生息するという傾向があった。イノシシは中部以西に多かったが、シカと同じ地域に生息する場合もあった。

イノシシ・シカの狩猟民俗は、当然のことながらそれらが生息する地域に広がっている。ただし、動物の生息域に均質に狩猟民俗が分布するわけではなく、多様な伝承が残されている地域は限られている。イノシシの場合は、中部から九州・沖縄の山間部、シカの場合は関東から近畿の山間部において、濃密な狩猟民俗が伝承されている。一方、東北地方の山間部においては、専業の狩猟者であるマタギが、クマ・カモシカ猟を行ってきた。東北地方ではシシといえばクマを指すほどであった。中部や近畿では、イノシシ・シカ・クマ・カモシカがともに生息していた。このような地域では、すべてが狩猟対象であったが、生息数・捕獲技術・利用価値・流通体制・信仰など、さまざまな要因により、捕獲動物を選択していた。

イノシシ・シカの民俗知識　イノシシは「猪の肉」という意味であり、民俗的にいえば、シシというとクマを指す地域や、シカを指す地域もあった。イノシシのことは、ほかにヤマブタ（福島県）、ヤマシシ（沖縄県）という地域もあった。

イノシシやシカを捕獲しようとする狩猟者は、それらの生態についてのさまざまな民俗知識を有している。イノシシがシカとともに生息している地域では、シカが高い山にいるのに対して、イノシシは里山にいる、と語られることが多い。したがって、イノシシ・シカともに捕獲する地域では、それぞれ捕獲場所が異なっていた。たとえば、静岡県浜松市天竜区水窪《みさくぼ》町では、里山ではムジナ・タヌキ・キツネ、ネヤマ（里に近い高山）ではイノシシ、ミヤマ（奥山）ではシカ・カモシカ・クマ・ムササビを捕獲していた（野本　二〇一二）。当然のことであるが、生息範囲によって動物の捕獲範囲を変えていたのである。

イノシシやシカが通る道は決まっているといい、その道のことをタツマ（和歌山県）・ノテ（和歌山県）・ウツ（静岡県・宮崎県）などという。イノシシの道、シカの道、カモシカの道など、獣の道はそれぞれ異なっているという。イノシシは山中の水たまりなどで横転して自分の体に泥を塗りつける習性がある。シカも同様の行動をとる。こうした水たまりのことをヌタ（静岡県）・ニタ（宮崎県）などといい、こうしたイノシシの行動をヌタウチなどという。これは、シラミ・ダニなどを落とすため、熱くなった体温を下げるため、などといわれる。

静岡県浜松市では、イノシシのサカリ（発情・交尾期）は旧正月ごろといい、サカリのときオスの味は落ちるという（野本　二〇一二）。シカの発情・交尾期は一〇月が最盛期といわれる。「ススキの穂が三穂出ると高山のシカはサカリつく」（静岡県浜松市）など、シカの発情期について、ススキ・モミジ・彼岸花などを指標とする自然暦《しぜんれき》が、静岡県・和歌山県・宮崎県などに伝承されている（野本　一九九四）。

シカの角は五月に生え変わり、袋角《ふくろづの》が生え、それがかたまって本角になるという。長野・静岡・愛知県の山間部の猟師は一本角をもつ六、七歳のシカをソロッポとよぶ。草書体の候という字と、角の並んだ形が似ているからという（千葉　一九七五）。

同じイノシシでも、生息する地域によって、体質が異なり、味が異なるという。宮崎県椎葉《しいば》村では、村に生息するイノシシと別に、他地域から来るワタリジシ・ハマジシというものがあるという。こうしたイノシシは顔が長くて、脂肪が少なく、おいしくないという（千葉　一九九〇）。和歌山県紀美野町でも、起伏の激しい山のシシがおいしいといい、同じ町域でも山が深い東部地域のイノシシの方が味はよいといわれる。

なお、近畿地方で昭和初期生まれの方々に聞き取りをすると、イノシシの変化についても語られることが多い。「昔のイノシシはこうばしかった」、「今のイノシシはイノブタの血が混じっている」、「罠《わな》で捕獲したイノシシは味が落ちる」、という語りがよく聞かれる。

イノシシ猟の民俗　明治以降は、全国的に銃を使ってイノシシを撃つ捕獲方法が多かった。犬を使ってイノシシを追わせ、待ち構えて銃で撃つ、という形態が広く行われていた。明治時代には火縄銃《ひなわじゅう》を使う人もいたが、昭和になると村田銃《むらたじゅう》を使う場合が多くなった。ただし、沖縄県名護《なご》市辺野古《へのこ》では、昭和時代にも、落とし穴に追い込んだイノシシに槍《やり》でとどめを刺すことがあった。

狩猟する期間は時代によって多少異なるが、明治以降は一般的にイノシシ・シカなどの猟期は一〇月ごろから三月ごろにかけての冬期であった。イノシシを捕獲する人々は、東北でクマなどを狙うマタギと異なり、狩猟専門ではない人が多かったようである。東海から九州にかけての地域では、冬期以外には林業・農業（稲作・焼畑など）に従事し、冬期には炭焼きなどをしながら狩猟を行うという形態の人が多かった。イノシシ猟に参加する人間は、一人ということもあったが、二、三人〜十数人という場合もあった。

本州・四国・九州のみならず、沖縄でも犬を使ったイノシシ猟が行われていた。イノシシが捕れるかどうかは犬しだいと語る地域もある。イノシシを追う犬とシカを追う犬を使い分けている地域もある。イノシシは犬に追われると犬に対して攻撃してくるが、シカは犬に追われても反撃してこない。そのため、シカ用になってしまうと、その犬はイノシシ猟には使えないという（和歌山県紀美野《きみの》町）。

明治以降における冬期のイノシシ猟は、各地の事例を総合すると、以下のような行動がとられることが多かった。集落近くの山において日帰りで猟を行うこともあれば、獲物を追いかけて、二、三日、

図１　ミキリのあとの打ち合わせ（和歌山県紀美野町）

山中で投宿することもあった。宮崎県椎葉村ではイノシシの猟場をカクラという。どこのカクラに入るかは当日まで口に出さないといい、口に出すとイノシシが捕れないという。猟に出かける当日の朝、イノシシがいると思われる山の見当をつけ、イノシシの足跡を探す。イノシシの足跡を見つけることを和歌山県高野《こうや》町や紀美野町ではミキリ（見切り）、宮崎県椎葉村ではアトミ（跡見）という。雪の上の足跡は区別しやすいというが、土に残された足跡を見ても、前日に通ったのか、数日前に通ったのかを見極めることができる。狩猟ではこの作業が大事であるという。椎葉村では、アトミの報告を受けて、猟仲間はセコ（勢子）とマブシに分かれる。セコは犬を連れてイノシシを追いかける役割であり、マブシは犬に追いかけられた獲物を射止める役割である。

イノシシは決まった山道を通る習性がある。猟師たちは、山の地形を熟知し、イノシシが通る山道についても把握している。イノシシが逃げてきそうな場所（静岡県ではタツマ）に射手《いて》を配置し、山の上の方から犬を入れてイノシシを追い出す。犬に追われて逃げ出してきたイノシシめがけて、待ち構えていた射手が鉄砲を撃って仕留めるのである。椎葉村では、猟における犬の役割が大きく、犬が獲物を仕留めるのを待ち、実弾の発射は極力控えるという。

以上のような冬のイノシシ猟は、狩猟者にとっての娯楽・たんぱく源の獲得・神仏の供え物の獲得、などとして行われてきた。あくまで楽しみとして捕るのであって、肉を食べたいから捕るのではない、と語る人もいる（和歌山県高野町）。

こうした狩猟に対して、里に出てくるイノシシを駆除する場合は夏から秋に捕獲が行われた。夏から初秋にかけての時期には、畑作物を食べにくるイノシシを害獣として追い払い、捕獲してきたのである。静岡県浜松市では、焼畑の仲間が秋の収穫前に共同のイノシシ猟を行った（野本　二〇一二）。共同のイノシシ猟は、四国・九州・沖縄でも行われていた（野本　一九八四）。和歌山県高野町では、冬には楽しみとして狩猟を行う人が、夏には自分の田畑を守るため、あるいは近所の人に依頼されて、害獣としてのイノシシを銃で撃っていた。高野町のある話者は、冬には捕獲したイノシシに対してありがとうと感謝するが、夏に捕獲したイノシシには腹が立っているので謝らない、という。このように、同じ地域、同じ人物であっても、捕獲する時期によって、捕獲目的が異なっていたのである。

一方で、狩猟に対する禁忌も存在した。ヌタ（一五〇頁）で待ち伏せして狙撃すればイノシシやシカは捕獲しやすい。しかし、ここでの待ち伏せ猟を禁止する伝承がある（長野県・静岡県・宮崎県）。こうした伝承は、乱獲の防止・資源保護の思想があったと考えられている（野本　二〇一二）。

シカ猟の民俗　シカの場合も集団猟と個人猟があった。栃木県鹿沼《かぬま》市では、シカの集団猟のことをクミリョウ、またはマキガリといい、横追い・追上げ・追下げ・追返しという方法があった。シカの

図２　諏訪神社に奉納されたシカ（菅江真澄『粉本稿』大館市立栗盛記念図書館所蔵）

図３　潮嶽神楽奉納時に神社神前に供えられたイノシシの頭（宮崎県日南市）

通るところをタツバといい、追い出してきたシカをタツ（射手）が待ち受けて射撃した（千葉　一九七二）。静岡県浜松市では、シカは追われると必ず川に下るといい、追い出してきたシカを射撃するために、山には山ダツマと川べりには川ダツマを置いた。タツマとは狙撃点・狙撃者のことである（野本　二〇一二）。静岡県浜松市では、ネライと呼ばれる一人猟もあった（野本　二〇一二）。

　このほか、鹿笛を使った笛鹿猟も行われた。これは、シカの発情期にメスジカの鳴き声を模した笛によってオスジカをおびき寄せて捕獲する方法である。東海・近畿・四国・九州などで行われていた。鹿笛にはヒキガエルの皮・シカの胎児の皮などを張った（野本　一九九四・二〇一二）。

　明治時代までは、狩猟によって捕獲する以外にもイノシシ・シカ肉の入手方法があった。オオカミが襲って倒されたシカやイノシシの肉をオトシなどといい、オオカミへのお礼として塩を置いて、肉をもらったという（千葉　一九六九）。

イノシシ・シカの狩猟儀礼　栃木県日光の二荒山《ふたらさん》神社、長野県の諏訪大社、熊本県の阿蘇《あそ》神社などでは、シカなどを奉納する儀礼が行われていた。狩猟儀礼は時代とともに減少したが、現在でも行われているところがある。諏訪大社の御頭祭《おんとうさい》は、現在では剝製のシカの頭を奉納している。

宮崎県西都《さいと》市の銀鏡《しろみ》神社において、毎年一二月中旬に行われる銀鏡神楽《かぐら》では、現在でもイノシシの頭が多い年は一〇頭以上奉納される。仮面をかぶった猟師がイノシシを射止めるシシトギリという演目も行われる。神楽の翌日には、神社に奉納されたイノシシの頭を使って串刺しの七キレザカナ（七切れ肴）を作って献供し、その後、直会《なおらい》で参列者がイノシシ肉をいただくシシバマツリが行われる。同県椎葉村尾前地区の神楽でも、イノシシを奉納して、最後に村人で共食するシシマツリが行われる。尾前のシシマツリでは、シカ肉が供えられることもある。

このように、イノシシ・シカ肉を供えて共食するという儀礼のほか、イノシシ・シカの捕獲を模倣する儀礼も各地に存在している。長野・静岡・愛知県の境界付近の山間部には、農耕に先立って、杉葉などで模造のシカを作り、それを模造の弓で射る神事が点在する。沖縄本島北部にも、イノシシなどの捕獲を模倣し、その豊猟を願う儀礼がある（図6）。

3　イノシシ・シカの食べ方

自給的獣肉食のなかのイノシシ・シカ肉食　昭和初期における全国の食習俗を記録した『食習採集手帖』および、『日本の食生活全集』によると、イノシシ・シカの食習俗は、イノシシは東北南部から九州・沖縄まで、シカは北海道から九州までの地域に点在している。食習俗の場合も狩猟民俗と同様に、これらの地域で均質に分布するわけではないが、狩猟民俗よりも広範囲に広がっている。つまり、狩猟にそれほど熱心ではない地域でも、贈答・販売などによって肉を入手し、食習俗が存在するという場合があるからである。イノシシの場合は近畿・四国・九州の山間部における食習俗が濃密で、シカの場合は関東・中部・近畿の山間部において局所的に濃密な食習俗が点在するという形となっている。

農山村において昭和初期生まれの方々にイノシシ・シカのことを聞くと、狩猟者以外の場合は「昔はめったに見なかった」といい、狩猟者の場合は「昔はなかなか捕れなかった」、と語ることが多い。つまり、昭和中期までは、農山村においてもイノシシやシカの肉は貴重な存在であったといえる。

解体の作法　山で捕獲したイノシシやシカは、山中の水辺などで解体する場合と、家に持ち帰って解体する場合があった。一人で背負って持ち帰ることもあったが、獲物が大きい場合には、イノシシやシカを棒に吊り下げ、二人で棒を担いで運ぶこともあった。

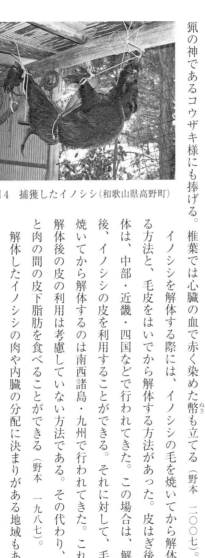

　捕獲したイノシシやシカを解体する際にも儀礼を行う場合がある。栃木県日光地方ではシカの肝や毛を三叉の木に刺して地面に立てる。これをケマツリという（千葉　一九七一）。長野・静岡・愛知県境界の山間部では、イノシシやシカの毛などを串に刺したり、木の枝にかけて山の神に供えた（早川　一九二六、野本　二〇一二）。熊本・宮崎・鹿児島県では、イノシシの心臓などを七キレザカナなどと称し、七切れに刻んで串に刺したり、皿に盛ったりして山の神祭りをする。宮崎県椎葉村周辺では、狩猟の神であるコウザキ様にも捧げる。椎葉では心臓の血で赤く染めた幣《ぬさ》も立てる（野本　二〇〇七）。

図4　捕獲したイノシシ（和歌山県高野町）

　イノシシを解体する際には、イノシシの毛を焼いてから解体する方法と、毛皮をはいでから解体する方法があった。皮はぎ後解体は、中部・近畿・四国などで行われてきた。この場合は、解体後、イノシシの皮を利用することができる。それに対して、毛を焼いてから解体するのは南西諸島・九州で行われてきた。これは解体後の皮の利用は考慮していない方法である。その代わり、皮と肉の間の皮下脂肪を食べることができる（野本　一九八七）。

　解体したイノシシの肉や内臓の分配に決まりがある地域もあった。宮崎県椎葉村ではイノシシを仕留めた者の取り分はイテダマスなどという。捕獲者には大きな権利が与えられ、クサワキなどと呼ばれる胸肉、肩つきの前足、頭などが与えられた。同伴した犬にも取り分があった。イノシシを解体するシシヤドの妻にも特別な分配をした。あとは均等に配分する。これを分けダマスなどという（野本　二〇〇四）。

冬のごちそうとしてのイノシシ　沖縄・奄美《あまみ》では正月に豚の肉を食べる習慣がある。これは肉正月と呼ばれる。正月のごちそうとして食べるだけではなく、大晦日の年取りの儀礼食として肉を食べる。これは、年の変わり目に動物を屠殺《とさつ》し、その肉などを儀礼食として摂取することで、人間の生命や身体の更新をはかる、という意義があったと考えられている。沖縄諸島の場合は基本的に豚であるが、先島諸島《さきしましょとう》の西表島《いりおもてじま》では野生のイノシシの肉を正月料理にすることもある（萩原　二〇〇九）。同様に、大晦日や正月にイノシシを食べる習慣は、九州・四国にも点在している。鹿児島市の商家では、イノシシ肉の吸い物は正月料理には欠かせないという。宮崎県では大晦日の年取りの祝い、などという。高知県の山間部では、大晦日の夜に勢いのあるイノシシを食べる習慣がある（『日本の食生活全集』）。このように、九州・四国の事例を合わせると、西南日本には正月のイノシシ儀礼食が広がっていた可能性がある。

このほか、イノシシは冬のお日待《ひま》ちの行事食（愛媛県久万高原町《くまこうげん》）という地域もあった（『日本の食生活全集』）。和歌山県高野町では、猟師の家が伊勢講《いせこう》や大師講《だいしこう》の当番に当たると、イノシシが食べられるので講員は喜んだという。このように、西日本の山間部では、特定の行事における決まった料理でなくても、冬の行事のおりのごちそうという意味合いが強かった。

宮崎県椎葉村では、イノシシを仕留めた者の家がシシヤドになり、近隣の者、親戚・知人を招いて骨汁などを共食する慣行がある。「シシの骨噛《か》み来ない」、「骨噛みこんか」などといって近所の人を誘い、誘われた人は焼酎か穀物を持参してイノシシを食べに行く。シシヤドでの共食だけでなく、鎌か鉈《なた》を腰にさしてシシヤドに行き、肉を分けてもらうこともあった。猟師は山の獲物を独占することなく、神から与えられた恵みを共同で享受するという意識があるという（野本　二〇〇四）。

図５　猟師が食べるイノシシの骨入りの鍋（和歌山県紀美野町）

イノシシの食べ方　イノシシの利用方法としては、肉・内臓・脂の食用のほか、胆嚢《たんのう》・脂の薬用などがあった。脂は皮膚病などに効くという。皮についてはシカのように販売するほどの価値はなかったものの、害獣除けに吊るす、靴にする、などの利用があった。胆嚢や肉は販売されることもあったが、自給的に利用されることも多かった。

肉はシカよりも好まれる地域が多かった。和歌山県や宮崎県では、シカが捕れても喜ばず、イノシシが捕れると喜ぶ、という人たちがいるほどである。肉・内臓などの食べ方は、さまざまなものがあったが、地域によって、食べ方、好む部位などは異なっていた。

すでに述べてきたように、宮崎県椎葉村には濃密な狩猟民俗が伝承されてきた。椎葉にはイノシシの食べ方も多様なものがある。ここでは、単純な塩焼きが最もうまいという人が多い。また、残肉のついた骨や内臓の一部を、大釜で塩味のみで汁にする。骨の残肉を食べ、汁を飲み、残った汁の中に稗《ひえ》を入れて雑炊《ぞうすい》にする。入れる穀物は焼畑が盛んであったときは稗が中心であったが、現在はもっぱら米になっている。神楽でイノシシの頭が奉納されるときは、頭の肉を使ってシシズーシー(猪雑炊)が作られる。イノシシの肉は貴重品だったため、一度に食べてしまわず、塩漬け・味噌漬けなどにして保存した。寒ジシの塩漬けはハラサゲ(下痢・発熱)の際の薬としても利用した。皮下脂肪を乾燥保存して、粥《かゆ》・雑炊にしたり、野菜炒めに使った。椎葉ではさまざまな部位が食べられるが、クルマゴやツルマキと呼ばれる首の肉がうまい、という人たちもいる(野本　二〇〇四)。

他方、長野・静岡・愛知県の山間部は、イノシシの胆嚢・肉の販売が盛んな地域であった。この地方では、狩人が第一に目指したのは胆《きも》であるという。胆は万病に霊能があるといい、村で物持ちといわれるほどの家では、必ず蓄えてあった。狩人自身も持っており、糸で結わえて陰干ししておき、小刻みに刻んで売っていた。明治末期には、イノシシの胆に対する信望のほうが近在の医者よりもはるかに高く、急病人でも第一にイノシシの胆を飲ませたという(早川　一九二六)。静岡県浜松市では、肉と胆は獣肉を扱う「山肉屋」に売った。脂が多いほど値がよく、春先には味が落ちるので買い手がなかったという。春先のイノシシはよく血を抜いてから醬油・味噌漬けにして保存した。ところが、この地方でも、狩猟者たちが捕獲したイノシシを自分たちで食べることもあった。「ワタは七色の味」などといい、猟師はイノシシの腸を食べるのが普通であったという（野本　二〇一二）。高値で取引される胆と肉を売るため、残った内臓を中心に食べる習慣になっていたと思われる。

このほかにも、イノシシの食べ方はさまざまなものがあった。『食習採集手帖』および、『日本の食生活全集』によると、煮込み・鍋・刺身・焼肉・すき焼きなどがある。全国的に最も多いのは、鍋や煮込み料理である。これらは味噌味と醬油味がある。臭みを消すために味噌で炊く、というところもある（京都府・奈良県）。寒い冬に食べると体の芯から温まるなどといい、イノシシ肉を食べること自体が体にいい、とする認識があった。

図6　イノシシ捕獲模倣儀礼においてイノシシの血を飲む所作（沖縄県名護市辺野古）

刺身を食べるのは九州・中国に分布する。刺身には背中の部分の肉が用いられる。背肉からとれる刺身は最高の味（鹿児島県）などという。四国や九州では皮下脂肪を好む。皮と肉の境目が一番うまいという地域もある（高知県）。九州などの猟師たちはイノシシの血も飲んだ。

肉を保存して食べる場合もあった。味噌漬け（京都府）、干し肉（和歌山県）、塩漬け（宮崎県〈野本　二〇〇四〉・沖縄県）などである。醤油で煮つけて田植えごろまで保存したところもあった（島根県津和野町）。

イノシシの胆嚢は自家用の薬としても利用された。陰干しにして保存しておき、薄く削って熱湯を注いで飲むと万病に効くといわれる（和歌山県那智勝浦《なちかつうら》町）。筆者が聞いたところでは、イノシシの胃は胃病薬になるといい、乾燥させて吊り下げておく。すごくにがいという。穴を開けて削り、上から順番に耳かきみたいなもので取って利用する（和歌山県高野町）。

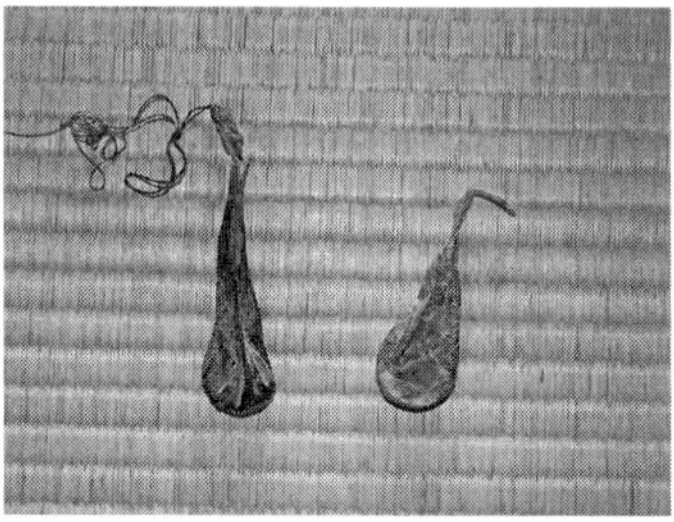

図７　イノシシの胆（和歌山県高野町）

シカの食べ方　シカはイノシシと異なり、皮の利用頻度が高かった。皮は衣の素材・敷物などに用いられた。角も薬用、飾りなどとして用いられてきた。角は実用性・象徴性・装飾性によって珍重されたといえる。

『食習採集手帖』および、『日本の食生活全集』によると、シカ肉は全国的にイノシシより利用頻度は高くないように思われる。それでも、地域によっては大変好まれており、味噌漬け・煮つけ・刺身などとして食べられてきた。静岡県天城《あまぎ》山麓《さんろく》では、腿《もも》肉だけを刺身にして食べた（野本　一九九四）。

栃木県ではソレソレという血の腸詰《ちょうづめ》にして食べていた。肉を味噌漬けにして夏の腹薬にすることもあった（奈良県十津川《とつかわ》村〈野本　一九八九〉）。

岐阜県美濃市では、寒中にシカ肉を食べると、夏に身体が健康でいられると信じられたという。シカの肉は女性の血の道の薬（奈良県）、婦人病の薬（奈良県〈千葉　一九七七〉）、産前産後の薬（長崎県）、産後に食べるとよい（宮崎県〈千葉　一九九〇〉）などといわれてきた。奈良県天川《てんかわ》村では、女のクスリニクといって身体の弱い者に食わせた（千葉　一九七一）。このように、シカ肉の場合は、薬用としての意味合いが強かったようである。

シカの血も薬として飲むことがあった。静岡県伊豆市では、シカの生血は血の道や貧血に効くとして、女性がどんぶりを持ってもらいに来た。シカの生血を飲むと口の中がかゆくなるという。余った血は容器に薄く流し込み、固まるまで天日で干して、少しずつ飲んだ（野本　一九九四）。脂も血の道の薬という（十津川村〈野本　一九九四〉）。

角も薬用として飲むことがあった（静岡県・愛知県・奈良県・和歌山県〈千葉　一九七七、野本　一九九四〉）。角を削ってから煎じて熱さましに使うという場合が多かった。夏鹿の角はロクジョウといい、高く売れたという（十津川村大野〈千葉　一九七七〉）。また、蹄《ひづめ》も熱さましに飲むことがあった（静岡県・奈良県〈野本　一九九四〉）。

さらに、シカの胎児も薬用として利用されてきた。関東から九州にかけて広い範囲で事例がみられる。愛知県東部では、シカの胎児をサゴ・ハラゴモリなどといい、これを黒焼きなどにしたものは、女性の血の道の妙薬として珍重し、産後の肥立ちの悪い者などが食べた（早川 一九二六）。奈良県南部では、薬用として塩漬けにして食べた（千葉 一九七七）。

4 害獣とジビエ

イノシシ・シカ肉食の衰退と資源化 イノシシ狩りを楽しみ、イノシシ肉を食べることを楽しみとする人たちは現在もいる。ただし、三節で紹介したような、濃密で多様な食べ方は衰退してきていることは事実である。その他の民俗と同様、イノシシ・シカ肉についても、昭和中期の高度経済成長のころから変化してきた。その理由は、食糧事情の向上で牛肉・豚肉・鶏肉が入手しやすくなったこと、市販薬の普及で薬用としての価値が低下したこと、娯楽の多様化で狩猟者が減ったこと、などが影響している。農山村、都市部ともに、人々の嗜好《しこう》が変わり、よりくせの少ない肉を好むようになったことも理由であろう。

このように、全国的にイノシシ・シカ肉食の機会が減少するなか、イノシシ肉を商品化する動きが一部の地域でおこった。兵庫県篠山市では、一九五〇年代からイノシシ肉の需要が伸び、イノシシ問屋の経営が軌道に乗り、牡丹鍋の店が増加してきた。これは、レジャーブーム、グルメ志向などのなかで、多様化する食肉の一つとして商品化されたという（高橋　二〇〇一）。また、沖縄県でも、一九七二年（昭和四七）の本土復帰後の観光化にともない、イノシシ肉の需要が高まり、イノシシの飼育が始まった。長野県飯田市や東京都では、戦前から引き続いてイノシシなどの肉を扱う料理店が営業している。こうした動きは、山の珍味としての魅力、地域資源としての活用、などの意味があると思われる。

鳥獣害対策とジビエ活用　一方、明治から昭和初期にかけて頭数を減らしていたイノシシ・シカは、昭和中期の一九七〇年以降に増え始め、一九九〇年代の後半から急速に増加した。農山村の人口減少・過疎化、耕作放棄地の増加、薪炭林《しんたんりん》・茅場《かやば》の荒廃、林業の衰退、狩猟者の減少など、さまざまな要因がイノシシ・シカの増加に影響を与えたと考えられる。二〇一三年（平成二五）度には、イノシシはおおよそ九八万頭生息すると考えられ、そのうち約四五万頭が捕獲されている。ニホンジカはおおよそ三〇五万頭生息すると考えられ、そのうち約三八万頭が捕獲されている。イノシシ・ニホンジカともに、過去二〇

図8　牡丹鍋の店（兵庫県篠山市）

年間に生息個体数は三～五倍となっている。昭和中期以前にも、イノシシやシカによる農作物被害などはみられたが、個体数が急増したことによって大きな影響が出ている。農作物の被害金額は、二〇一四年度には一九一億円で、このうちシカは約六五億円、イノシシは約五五億円となっている（祖田二〇一六）。また、シカの場合は森林被害も大きい。

イノシシ・シカによる被害拡大を受けて、二〇一四年、環境省は指定管理鳥獣捕獲等事業を発表、ニホンジカとイノシシを「指定管理鳥獣」とし、これらの捕獲を促進させる方策を取り始めた。他方、減少してきた狩猟者を増加させるため、狩猟免許の改正、学校の設立など、さまざまな試みも行われている。狩猟者の数は減少しているが、銃の性能が向上したことなどにより、一人あたりの捕獲頭数は増加している。また、国・都道府県の援助を得ながら、各地で防護柵の設置のみならず、捕獲を行うための罠の設置も活発になっている。

このような努力の結果、イノシシ・シカの捕獲頭数は増加してきたが、肉として活用されているのは二〇一六年度で約七％にすぎない（農林水産省ＨＰ）。駆除されたイノシシ・シカの大半は山中に埋めるなどの処理をしている。そこで始まったのが、野生鳥獣肉をジビエとして活用しようという動きである。二〇〇八年には、「鳥獣による農林水産業等に係る被害の防止のための特別措置に関する法律」が施行され、国もさまざまな補助金を用意して、ジビエ利用に力を入れ始めた。厚生労働省は二〇一四年に流通・加工・調理にかかわる「野生鳥獣肉の衛生管理に関する指針（ガイドライン）」を定めた。農林水産省は、ジビエ利用拡大に向けた取り組みを強化し、二〇一八年には、全国から一七ヵ所のジビエ利用モデル地区を選定し、国産ジビエ認証制度の運用を開始した。また、ジビエフェアなどの全国ジビエプロモーションも実施している。

このような国の後押しもあって、現在では少なくとも二〇〇以上の自治体やグループがジビエ利用を試みている。ジビエ料理のパンフレットの作成、学校給食への導入、レストラン・道の駅などでの提供、ペットフード・缶詰としての販売、などさまざまな取り組みが行われている。イノシシは味噌

図9　旅館で提供されるイノシシ料理(三重県松阪市)

図10　道の駅で提供されるシカの焼肉(長野県根羽村)

漬け・骨汁などの伝統的な食べ方のほか、ウインナー・餃子などの食べ方が登場している。イノシシ肉はほとんどの肉が利用可能であるが、シカ肉は美味な部位とそうでない部位があるため工夫が必要であるという。シカカレー・シカ肉バーガー・竜田揚げなどが登場している。「ジビエ食の普及は、日本の肉食化を特徴づける家畜肉とは異なる、もう一つの肉食の始まり」という声も出ている（祖田二〇一六）。安定した供給の確保、処理・流通体制の整備、需要の拡大、などの課題は残されているものの、古代以来の歴史と、各地での多様な食べ方を活かしながら、新たなるイノシシ・シカの食文化が生み出されつつある。

参考文献

成城大学民俗学研究所編　一九九〇年『日本の食文化―昭和初期・全国食事習俗の記録―』岩崎美術社
祖田　修　二〇一六年『鳥獣害―動物たちと、どう向きあうか―』岩波新書
高橋春成編　二〇〇一年『イノシシと人間―共に生きる―』古今書院
千葉徳爾　一九六九年『狩猟伝承研究』風間書房
一九七一年『続　狩猟伝承研究』風間書房
一九七五年『狩猟伝承』法政大学出版局
一九七七年『狩猟伝承研究　後篇』風間書房
一九九〇年『狩猟伝承研究　補遺篇』風間書房

「日本の食生活全集」編集委員会編　一九八四〜九三年『日本の食生活全集』全五〇巻、農山漁村文化協会
永松　敦　二〇〇五年「九州山間部の狩猟と信仰―解体作法に見る動物霊の処理―」池谷和信・長谷川政美編『日本の狩猟採集文化―野生生物とともに生きる―』世界思想社
西本豊弘編　二〇〇八年『人と動物の日本史1　動物の考古学』吉川弘文館
野本寛一　一九八四年『焼畑民俗文化論』雄山閣出版
一九八七年『生態民俗学序説』白水社
一九八九年『軒端の民俗学』白水社
一九九四年『共生のフォークロア　民俗の環境思想』青土社（のち二〇〇八年『生態と民俗人と動植物の相渉譜』講談社学術文庫）
二〇〇四年『山地母源論1―日向山峡のムラから―』岩田書院
二〇〇七年「大型獣捕獲儀礼の列島鳥瞰　熊・猪を事例として」『季刊東北学』一〇号
二〇一二年『自然と共に生きる作法・水窪からの発信』静岡新聞社
萩原左人　二〇〇九年「肉食の民俗誌」『日本の民俗12　南島の暮らし』吉川弘文館
早川孝太郎　一九二六年『猪・鹿・狸』郷土研究社（のち二〇一七年、角川ソフィア文庫）
原田信男　二〇〇五年『歴史のなかの米と肉』平凡社
松井賢一ほか　二〇一二年『うまいぞ！シカ肉』農山漁村文化協会

昆虫食——山里のたんぱく源——

野中健一

1 昆虫食は伝統食

昆虫を食べる食習慣は、日本ではどこでもというわけではないが広くみられた。その食用の種類や地域範囲は過去と比べれば狭まっているものの、昆虫食はローカルに根付いている地域もあり、都会でもあるいはこれまで食べたことのなかった人たちにも関心が高まっている。さまざまなイベント、マスメディア、出版物に登場し、今こそ昆虫を食べるべきだという話題も増している。この傾向は、二〇一〇年（平成二二）前後より高まってきたが、国連食糧農業機構（FAO）が二〇一三年に発表した報告書（Van Huis 2013）の影響が大きい。同書では将来に予測されている人口九〇億人時代に備えて、動物性たんぱく質・脂肪・ミネラル分に富み家畜よりも生産効率が良い昆虫は食料や飼料として有用であるため、自然からの採集ばかりでなく養殖・増殖をはかることによって、女性の就業や地域の現金収入源化、企業活動の促進など実用化を目指すことが提言された。世界の食糧戦略に向けて昆虫が新たな資源として位置づけられたところに注目された。欧米の人々に関心が高まり、ニュースのトピックになったり、昆虫料理フェアが開催されたり、レシピ本も出版されるようになった。

しかし、世界各地ではこれまで一九〇〇種を超える食用昆虫の種類が知られている（FAO 二〇一三、三橋 二〇〇八）。食用地域はロシア、ヨーロッパ、カナダ、アフリカ北西部などを除いて世界に広がっており、けっして人類にとっての「未利用資源」ではない。地域的なばらつきがあり、またイスラム教など宗教的な理由で昆虫が食べられないところもあるが、昆虫を食べてきたところでは当たり前の食べ物であり、長年の蓄積で適した料理がなされ、継続的に利用されてきたものである。

日本でも五〇種類を超える昆虫が食べられてきており、世界の中の地域でみれば昆虫食が盛んなところの一つといえる。ただし、全国的に食べられていた種類もあれば、局地的なものもある。その分布や地域差もさまざまで、現在まで続いているところもあればすでに食べなくなって久しいところもある。個人差も大きい。日本は各地で多様な自然資源を食用にしてきた。本章ではその一つとして昆虫食を地域資源とみて、種類、捕獲・調理の技術とそのバラエティ、そして地域性から「山里の食べ物」に位置づけて特徴をみていきたい。

2　分布からとらえる特徴

日本の昆虫食分布　全国の昆虫食の分布を俯瞰《ふかん》してみよう（図1）。一九一九年（大正八）、昆虫学者の三宅恒方《みやけつねかた》が行った「食用及薬用昆虫ニ関スル調査」により、日本には五五種類の食用昆虫（不明種も含む）があることが明らかにされた（三宅　一九一九）。それから六七年後の一九八六年（昭和六一）、筆者は三宅と同様の調査を行い、さらに各地の民俗誌・文献資料・その後の聞き取り調査によって昆虫食とその分布を調べた。それに基づくこの図は、現存消失にかかわらず都道府県単位で記したものである。この地図をご覧いただいて、いかがだろう。意外に多くのところで昆虫を食べてきたと思われるであろうか？　全国的な分布を示すものとして、まずイナゴがあげられる。ついでハチの子（おもにスズメバチ類の幼虫・サナギ）、養蚕の副産物であるカイコのサナギ、薪《たきぎ》や炭焼きの副産物であるカミキリムシの幼虫が食べられている。セミや水生昆虫のゲンコロウ・ガムシのように東南アジアで好まれている虫も食べられている。より地域性が強い種類として、長野県伊那《いな》地方天竜《てんりゆう》川《がわ》周辺地域のザザムシ（トビケラ・カワゲラなどの幼虫で川の石裏に生息する）があげられる。長野県ではコオロギ、ショウリョウバッタ、カマキリなどが好んで食べられていたところもあった。これらは自給的には、農村周辺、山地、河川など身近な環境で捕られている。海辺であってもイナゴが食べられていたところもあり、平野水田の広がる地域でイナゴは食されているが、ハチやカミキリムシなど里山環境で得られるものが多く、山里の資源の一つといえよう。

消費の変化　丹念に調査を進めれば、食用地域や種類はさらに増えるだろう。年配の人に聞いてみれば、意外に「食べていたよ」という話が聞けるかもしれない。たしかに、今は虫を食べなくなったということもよく聞く。その理由として、開発や農薬によって虫が消滅したため捕れなくなった、生活が変わって虫を得る機会がなくなった、食事のレパートリーが変わって虫を食べる機会が少なくなったことがあげられる。そのいっぽうで、虫が身近に生息しなくなれば、居所を探して遠くまで採集に出かける、増やすことに努める、購入するということも起こっている。それだけ、他に代え難い昆虫食への嗜好《しこう》が強いことの表れである。捕ったり食べたりして楽しむイベントも各地で行われるようになった。こうしたものはイナゴ、ハチの子に多く、中部地方や九州地方に多い。イナゴ、ハチの子、カイコのサナギは佃煮《つくだに》商品化もされており、中部地方を中心に流通も広がっている。各種の昆虫佃煮は、信州みやげとして根強い人気があり、みやげ屋、道の駅、サービスエリア売店などに並ぶ。長野県では、スーパーマーケットの総菜コーナーでイナゴ佃煮やハチの子、カイコサナギのパック詰めが売られており、缶詰コーナーには何種ものハチの子缶詰が積まれている（値段もひときわ高い）。この需要に対して供給が国内だけでは足りず、原料が輸入されている。世界の中では昆虫食先進国といっても良いのである（野中　二〇〇八）。

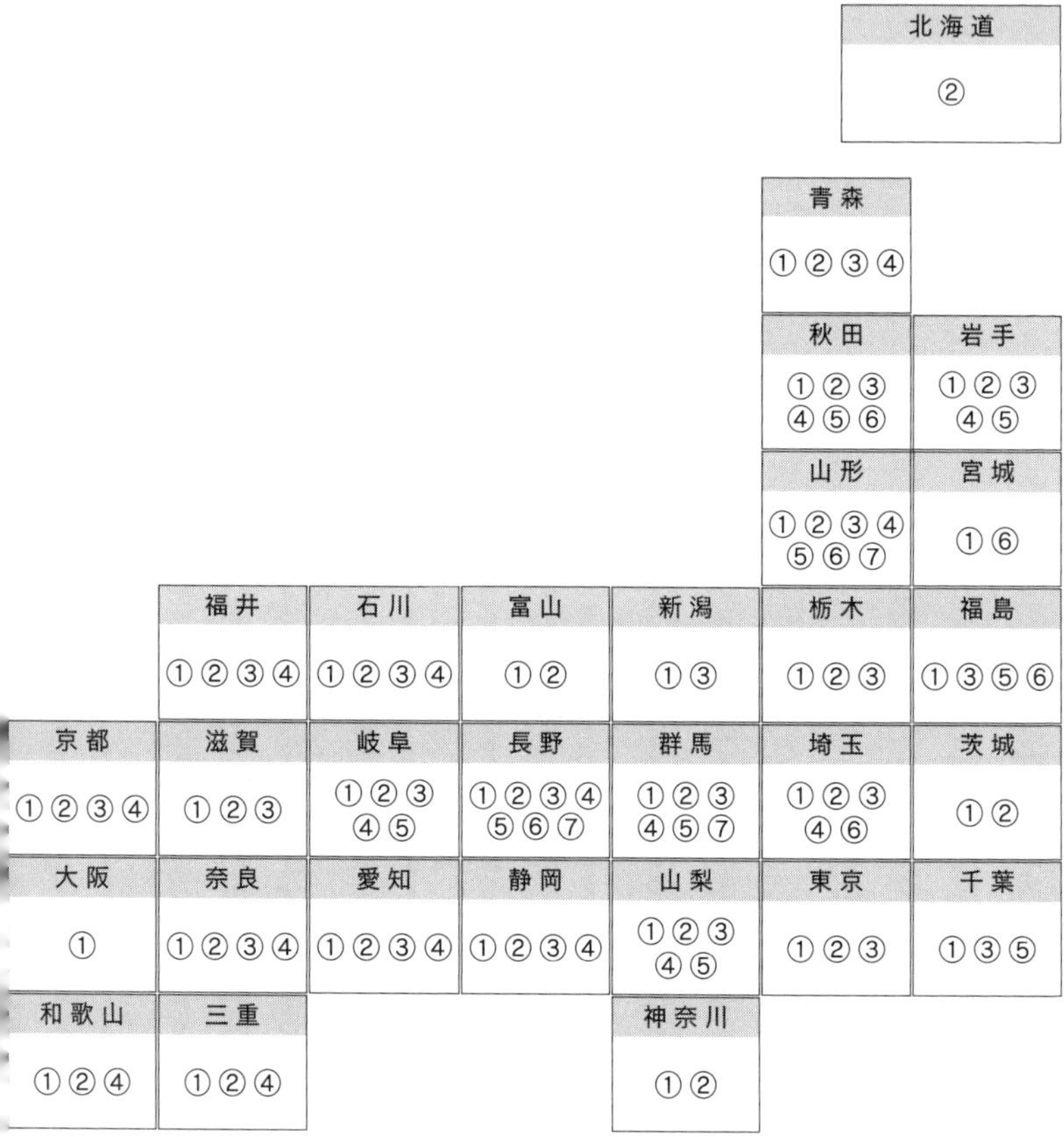
北海道
②
青森
①②③④
秋田
①②③
④⑤⑥
岩手
①②③
④⑤
山形
①②③④
⑤⑥⑦
宮城
①⑥
福井
①②③④
石川
①②③④
富山
①②
新潟
①③
栃木
①②③
福島
①③⑤⑥
京都
①②③④
滋賀
①②③
岐阜
①②③
④⑤
長野
①②③④
⑤⑥⑦
群馬
①②③
④⑤⑦
埼玉
①②③
④⑥
茨城
①②
大阪
①
奈良
①②③④
愛知
①②③④
静岡
①②③④
山梨
①②③
④⑤
東京
①②③
千葉
①③⑤
和歌山
①②④
三重
①②④
神奈川
①②

2008 に収載の図 1-1 をもとに作成）

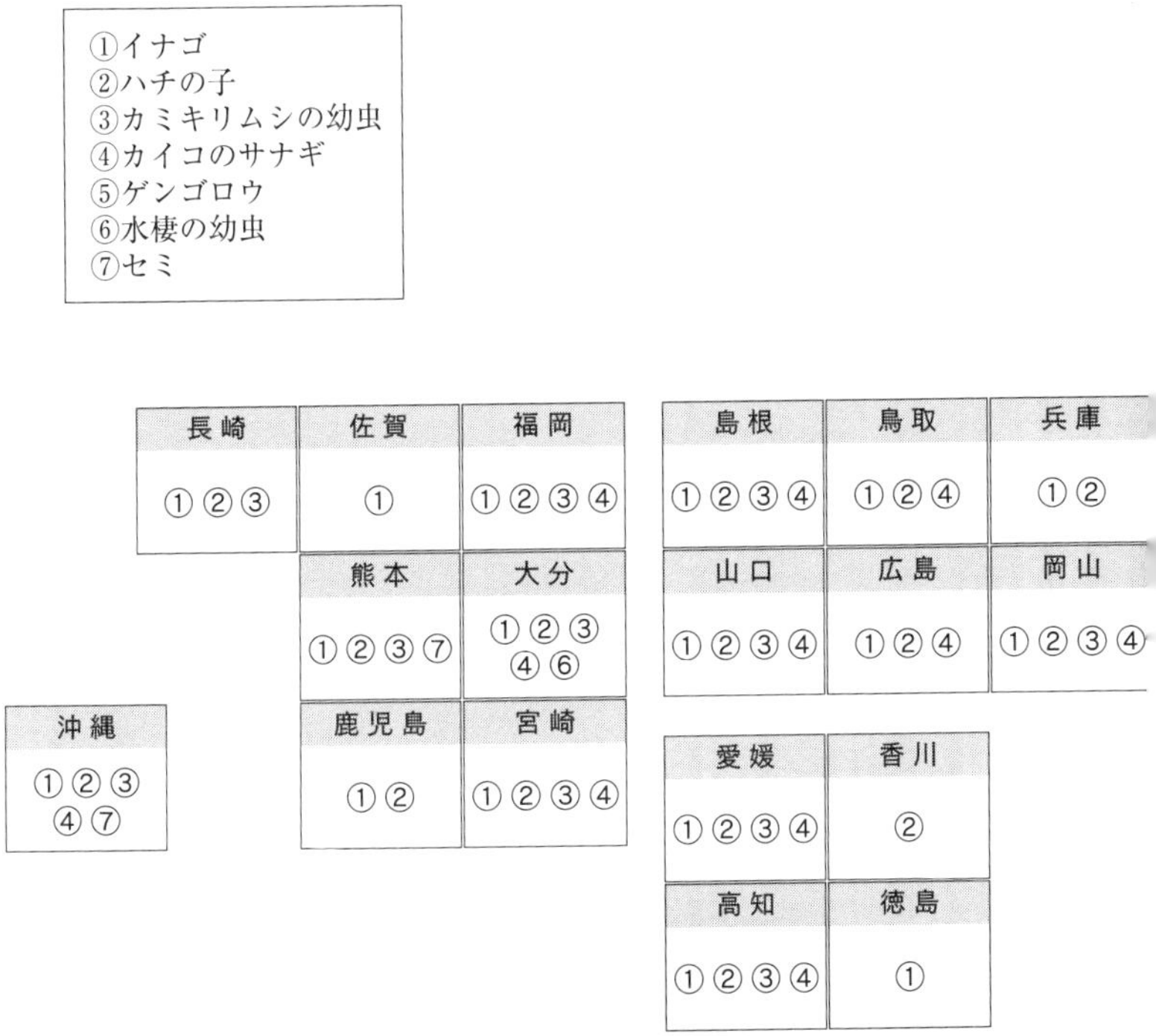

図1　全国の昆虫食の分布(野中

3　日本の主要食用昆虫

稲に付随する動物性食料―イナゴ　イナゴは名のごとく水田に多く生息する。第二次世界大戦前の話を聞くと、当時はあぜを歩くだけでざざーっと音を立ててイナゴが飛び立っていったといわれる。農薬の大量散布によるイナゴの激減や食生活の変化で食用が廃れてしまったかのように思われるイナゴだが、前節であげた商品販売をみればまだまだ日常の総菜の一つとなっている。筆者が家族と田んぼのあぜ道でイナゴを捕っていると、通りすがりの人に「懐かしいね」と声をかけられる（図2）。

イナゴはかつて全国的に広く食べられていた。中部地方から東北地方にかけては、食材として、あるいは佃煮加工された総菜として手に入れることができる。福島のデパートの食品売場では四ヵ所で別銘柄のイナゴの佃煮が売られていた（二〇一三年）。味の好みの違いを反映しているようである。東京でもイナゴの佃煮は総菜屋でしばしばみかけられ、パック品がスーパーマーケットにも並ぶ。千葉県成田《なりた》山新勝寺《さんしんしょうじ》の参道では川魚佃煮店が並ぶが、十数軒の佃煮店でイナゴ佃煮も名物として店頭に並び、家で好みの味付けができるよう、ゆでただけのイナゴも売られている。長野県、岐阜県の各地や愛知県の都市近郊でもイナゴ商品は見かけられ、スーパーを巡回する乾物・総菜屋はイナゴの佃煮も扱っている。筆者の住む愛知県でもスーパーにパックの総菜（九〇グラム入五四〇円）が常に並んでい

図2　あぜ道でのイナゴ捕り

る。

イナゴは水田に多く生息するため、採集場は水田とその周辺となる。このため平野部でも食べられ、海岸部の漁村でもイナゴを捕って食べたという話を聞く。稲が実る頃に目に付くようになるが、稲刈り前には田んぼの中に入れないので、その周辺のあぜや草むらで採集し、稲刈り後にもしばらく生育しているので、田の中に入り、稲株や雑草の葉や茎に止まっているところを狙って手づかみする。日中気温が上がるとすばしこくなるので、朝方の気温が低く、露に濡れて動きの鈍い時が狙い目である。多くのところで共通するのは、手ぬぐいを袋に縫って一端に竹筒や類似のものを差し込み、捕まえたイナゴの投入口とするものである。指で穴を塞いで飛び出さないように気をつけながら、捕ったものを入れていく。東北地方、福島県周辺の事例では手の指の間に挟みながら数十匹になるまで捕まえ続け、まとめて袋に入れるという大量捕獲の技もある（末永二〇一二）。

図3　イナゴの佃煮

イナゴの調理　イナゴはすぐには調理されず、一晩袋に入れたまま生かしておく。その間に体内の糞《ふん》を出させるためである。しかし福島県郡山《こおりやま》市周辺では「糞を出すと身が痩せるので良くない」とされる（末永二〇一七）。

家庭調理では、イナゴはまず加熱処理される。袋ごと熱湯につけることもあれば、フライパン等で煎ることもある。その後、口にひっかかりやすく食べるのに適さない後脚のギザギザ部分を手で取り除く。口当たりを良くするために天日干しされることもある。こうして下ごしらえされた素材は醤油、砂糖、みりんなど家庭の好みにより味付けされ佃煮状に調理される（図3）。先の福島の例はそれとは異なり、大量の醤油・砂糖で三日以上コトコト煮込む調理がされている（末永二〇一七）。これはイナゴが砂糖醤油を多く含む役割をもつようであり、興味深い。

調理品は、食事のおかず、酒のつまみ、茶請けに用いられる。東北や信州ではしばしば訪問先で茶請けに出されることがあった。家々の味付けの違いがわかり、その味について一言いえば話題も弾む。もてなしの一品であり、各家の自慢の味でもある。

水田の少ない山地地域でもイナゴは食べられていたが、それほど量を得ることができず、串焼きのように醤油を付けてあぶり焼きにして食べられていた。

第二次世界大戦後、水田に農薬が大量散布されるようになると、イナゴは激減して食べられなくなり、食慣行の消滅したところも多い。一九八〇年代以降、農薬散布の減少や減反・過疎化に伴う耕作放棄地の増加により、イナゴが回復してきた。それによってまたイナゴ採りの復活したところもある。群馬県中之条町《なかのじょうまち》では、イナゴを用いたイベント「イナゴンピック」が開催され、地域おこしの一つとなっている。

佃煮の生産 自家用採集が減るいっぽうで、先に述べた佃煮製品は多く作られてきた。製造業者数や量の把握は困難であるが、現在、中国からの輸入原料が多いといわれる。その中で、国産のイナゴにこだわる業者もある。ここでは、長野県伊那市の一業者のイナゴ仕入れを手がかりに、イナゴ食品の獲得・生産から流通する過程をみてみよう。

イナゴ佃煮製造にあたって、製造当初は、地元伊那市やその周辺でおもに調達されていたが、次第にそれだけでは足らなくなった。そして信州から東北地方へと採集調達範囲が広がっていった。東北地方の農道の整備された大水田地帯はイナゴの大産地でもある。イナゴが大量に水田に発生する秋には、この時期イナゴ採りを専門とする人たちが大量に捕獲する。季節に応じて北上していき、各地に拠点となる集積基地が設けられ、業者は伊那からトラックで買い付けに行く。稲作農家には、農薬を撒《ま》かないよう謝礼を渡しお願いすることもある。低農薬は今の時代に適い、農家にとっては害虫退治をしてもらえることにもなり、歓迎されているという。

トラックで直送されてきたイナゴは、商品の原料となるばかりでなく、店頭で生きたまま小売りもされる。入荷当日の朝刊には販売を知らせる広告も出る。開店前には購入に来た人たちで行列ができるほどである。運ばれてきたイナゴは大きな網袋の中でピョンピョン跳ねており、活きが良い。客の注文に応じて手早く小分けして渡していく。一回の販売量三〇キロほどに対し、客は一人当たり二〜五キロほど買う。一キロ三八〇〇円（二〇一六年）と、食材としてはけっこう高価であるが、早くから並ばないと手に入らない可能性が高い人気商品である。自家用として長い期間食べるためばかりでなく、各家庭の好みの味付けで食べたいこと、さらにそれを親戚や近所の人たちへのおすそわけやお使いものにしたりするという積極的な目的がある。

山に追い求める—ハチの子　日本の昆虫食の中で古くから知られ、今も盛んなものといえば、クロスズメバチを主とするハチの子食である。江戸時代から明治時代以降多くの文献資料があり、その広がりや地域的なバリエーションと歴史的変遷を辿ることができる。江戸時代には、スズメバチ類の食用や薬用が『和漢三才図会』など本草書に記されており、現在の長野県や岐阜県でのクロスズメバチの食文化が随筆（三好想山『想山著聞奇集』）に記されている。明治時代には売買や飼育が知られるようになり、長野県では缶詰製造が始められた（松浦 二〇〇二）。その後各地のハチの子の調理や捕り方などが「昆虫世界」誌などに報告されてきた。そして独特の獲得方法と料理のバリエーション、食用機会など食を規定する環境や社会と結びついた伝統的な食文化として注目できる。ハチの子（幼虫・サナギを主とするが成虫も含まれる）を食べる習慣は、北海道から沖縄まであった。アシナガバチ、クロスズメバチ・シダクロスズメバチ、キイロスズメバチ、オオスズメバチなどスズメバチの仲間がおもに食べられてきたが、中部地方山間部を中心としたクロスズメバチの食習慣が特徴的である（野中 二〇〇五a・〇八・一四）。

ハチ追いに込められた技術と知識　刺されると恐ろしい（ハチアレルギーを持っている人はアナフィラキシーショックを引き起こす）イメージの強いスズメバチであるが、中部地方では動物性のエサでハタラキバチをおびき寄せ、目印をつけた肉団子を持たせて、その後を追いかけて地中の巣を突き止め、掘り出すという「ハチ追い」が秋に盛んに行われている。ニワトリ、魚、イカなど季節に応じて異なる肉をハチのエサとして用意し、野山で肉片を棒に刺したり枝に吊るしたりして、ハタラキバチが寄ってくるのを待つ。ハタラキバチはエサを肉団子に丸めてそれを巣に持ち帰り、再び戻ってくる。繰り返し往復するようになると、白い小さな目印を付けた肉団子を用意し、エサに寄ってきたハチにそっと近づける（図4）。肉団子の大きさや、邪魔にならないような目印の大きさや付け方など、コツを要す

図４　目印をつけた肉団子をハチに近づける

る作業である。ハチはその肉団子を持って飛び立ちまっすぐに巣を目指す。木々の間をぬって、谷の中、山を越えて飛んでいくハチの後を、目印を頼りに追いかけていく。一度の追跡では巣に到達できずに見失ってしまうので、仲間を作って持ち場を分担してリレーのように中継したり、往復の時間と方向からおよその位置を目算し、山や谷の地形や植生具合からいそうな場所を探りつつ、ハチの姿を追う。エサの位置から数十《メートル》のごく近いところで見つかるという幸運なこともあるが、山越え谷越えの数《キロ》に及ぶこともある。

ハチが出入りする地面に見える巣口に到達したら、煙幕《えんまく》（ハチ採り煙幕の名で専用品が市販されている）を巣口に差し込んで麻痺させ、その間に巣を掘り出す。巣口の周囲にたくさんの土砂が出ていれば大きな巣が期待される。だが、穴が深かったり、樹根や石で阻まれ掘り進めないこともある。もしかしたらすべて羽化して巣立ってしまった後で、意外に中身は少ないかもしれない。不安と期待の中、ようやく掘り出した時の喜びはそれまでの苦労をすべて忘れてしまう瞬間である。大きな巣では幼虫やサナギが詰まって数キロに達する。

クロスズメバチは家で飼育されることもある。まだ初夏から夏にかけて巣が小さいうちに探して、採集した巣を自宅に持ち帰り、巣箱等に移し替えて飼育する「飼い巣」も行われている。

得られた巣は自宅に運ばれ、ハチの子を巣盤から抜き出す作業となる。一匹一匹手仕事で抜き取るのは根気と時間を要する。幼虫は小さな体だが巣から抜け出すまいとしがみついているので、潰さぬように頭をつまみそっと抜き出す繊細さも要る。巣が大きいほどその労力もかかる。しかし、この間手先を動かしながら、ともに作業をする家族や仲間で、当日のハチ採りの状況や苦労、嬉しかった瞬間が語られ、居合わせた人々に共有される。数時間かけてその作業を終えて、ようやく調理となる。醤油・酒・砂糖で佃煮にして酒の肴《さかな》、ご飯のおかずにして良し、炊き込みご飯にすれば大勢で賞味できる。四国ではそうめんのダシにも使われたという記録がある。ご相伴にあずかる人も交えて、秋の旬を楽しむ食事の場もその話題で盛り上がる。

図5　ハチの子飯

このような獲得方法の違いは食習慣のバリエーションとも関連し、ハチの子飯（ハチの子を醤油・砂糖・酒等で味付け煮付けたものをご飯に混ぜて炊いたもの、図5）、寿司（押し寿司の具として煮付けたハチの

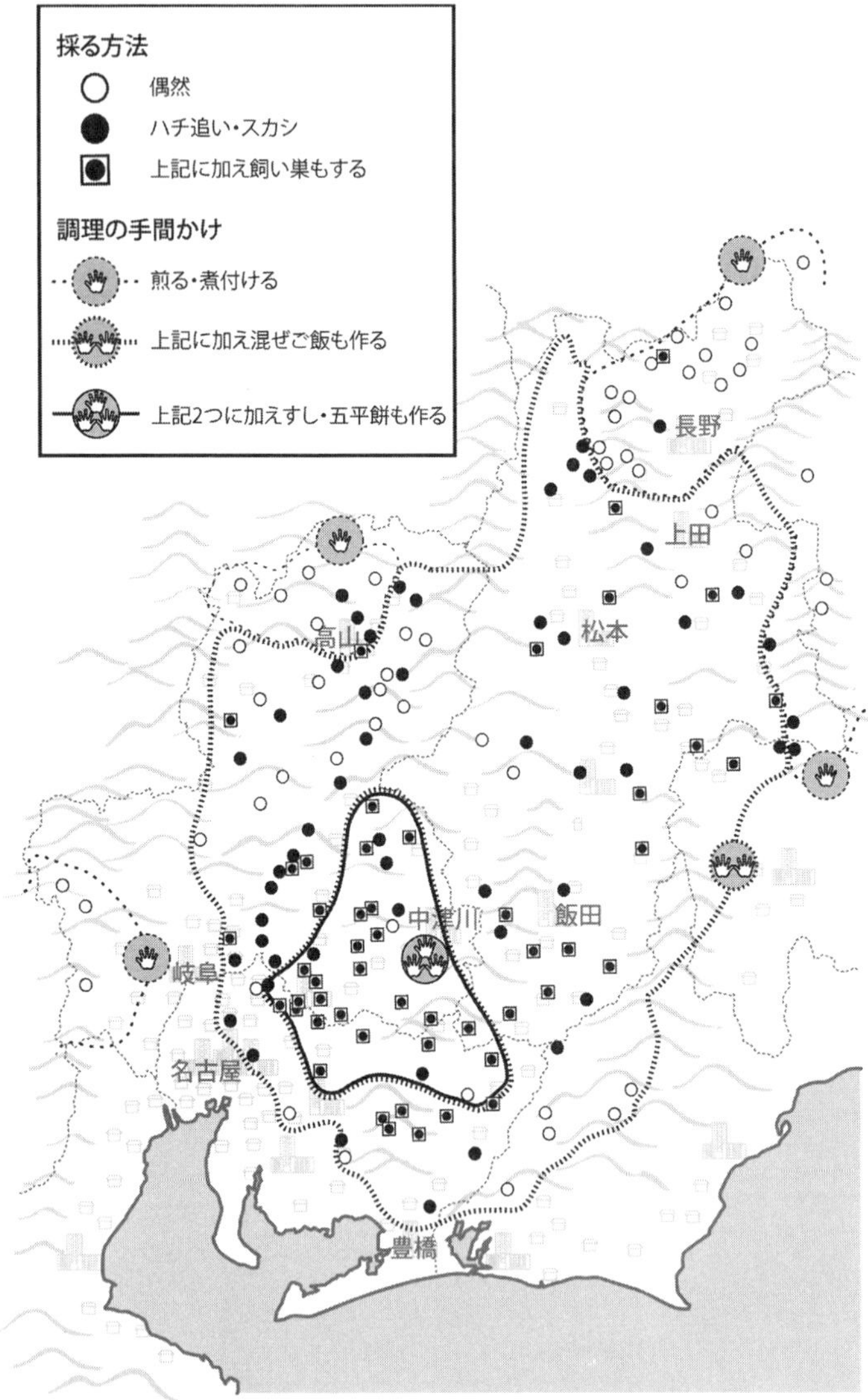

図6　中部地方におけるハチの採集方法と調理の手間かけの分布（野中　2007）

子を載せたもの)、五平餅《ごへいもち》(炊いたうるち米ご飯を潰して、木べらに楕円形に形作り、ハチの子を落花生《らっかせい》など他の具・醬油あるいは味噌など調味料と合わせたペースト状のタレを塗って焼いたもの)など手間をかける料理の分布傾向と一致しており、相互関連が認められる(図6)。

クロスズメバチは全国の他の地域でもよく食べられていたが、昭和二〇~三〇年代には衰退し、やがて消滅していったところが多い。このようなところでは農作業等で偶然に巣を見つけたら採集する程度で、食用機会も多くなかった。いっぽう「ハチ追い」や「飼い巣」の採集飼育があるところでは、ハチの子料理は秋の旬を味わったり、人が集まる場で供されるごちそうや行事食ともなっており、食生活の中で重要な位置づけがされ、魚釣りと同様に、追いかけ、探すという行為そのものがレジャー的な要素として重要であったことが考えられる。

岐阜県東濃《とうのう》地方や長野県伊那地方では、店先に幼虫が詰まって生きている巣が並び、巣一キロ八〇〇〇~一万二〇〇〇円ほどの高級食材だが人気がある。一〇〇グラムで二〇〇〇円以上する缶詰・瓶詰製品も店に年中並んでおり、需要がある。国内だけでは足らず、韓国・中国・ニュージーランドから原料が輸入され加工されている。

オオスズメバチ　クロスズメバチよりも体長が大きく(三~四センチ)、攻撃性も毒性も強いオオスズメバチも同様に、中部地方と九州地方の山里では今も盛んに捕獲され食用にされている(野中　二〇〇八・一二)。クロスズメバチの場合のように、エサでおびき寄せるか、クヌギなどの広葉樹の樹液を吸いにくるハタラキバチに対してより濃厚な糖蜜液で餌付けをし、往復するハタラキバチを追いかける。中部地方では目視で追いかけ、九州地方では「チラ」と呼ばれる目印を腰に結わえてそれを頼りに追いかける（図7）。オオスズメバチを巣まで追う距離はより長く、より山深くなる。腰に結わえる作業は刺されやしないかと心配になるが、ハタラキバチはエサに夢中でお構いなしである。この方法は、テレビでの放映を通じて中部地方にも伝わっている。

オオスズメバチの場合には、巣にうかつに近づくと猛攻撃を受けるので、その作業はより慎重にな

図7 「チラ」と呼ばれる目印

図8 オオスズメバチのすき焼き

る。防護服で完全防備をして、自動車用の発煙筒を何本も巣口に差し込んで捕獲する。巣にいるハタラキバチは慎重に取り除く。

幼虫・サナギは煮付け、混ぜご飯、サナギや成虫は天ぷら・素揚げにされる。九州では幼虫・サナギを塩で煮た汁（ダシが出る）にそうめんを入れたものや、すき焼きが好まれる（図8）。

地蜂愛好会の誕生　一九七〇年代から八〇年代にかけては、労働の変化や余暇時間の増大により、クロスズメバチを採集する時間や機会をより多く持てるようになった。モータリゼーションの発達により遠隔地まで気軽に採集に行けるようになり、さらに採集量も増えた。栃木県から東北地方にかけて従来は食用地域でないもののクロスズメバチ生息の多いところでは、販売目的の巣の採取が盛んになり、岐阜・長野県の食用地域への出荷が増えていた（野中　二〇〇八）。

しかし、一九九〇年代には、五〇歳前後の世代の間で、それより上の世代にとって盛んであっても、若い世代のクロスズメバチの採集や食用への関心の低下が気懸かりとなった。また、かつては家の近所や田畑の脇で簡単にみつかったといわれていたクロスズメバチの巣が減少してしまったことも問題視された。この背景には土地改良・圃場《ほじょう》整理や環境変化によって生息地が改変された影響とともに、レジャー化による採集活動の活発化で乱獲が増えた影響も指摘されていた（野中　一九八七）。

そこで、伝統的にハチ追いや飼い巣を楽しんできた地域では、その後継者を育成し、ハチの子食を地域の文化として継承できるよう、あわせて資源としてのハチの子の保全・増殖も行おうという動き

図9　全国地蜂コンテスト（愛知県豊田市）

が生まれた（野中　二〇〇三）。愛知県豊田市石野地区での公民館活動、愛知県北設楽《きたしたら》郡名倉での「ハチの子サミット」イベントなど、一九九〇年（平成二）からそれぞれの地区活動として生まれ、相互の交流も活発に行われた。同時期には長野県下でも団体が設立されていた。また、岐阜県瑞浪《みずなみ》市でクロスズメバチ飼育を熱心に行う西尾亮平教諭が、新女王バチの冬季越冬方法を考案し（西尾　一九九九）、岐阜県恵那《えな》郡串原《くしはら》村（現恵那市串原）でその方法が実践された。一九九三年には串原へぼ愛好会（へぼとは、クロスズメバチのこと）が結成され、共同で小屋を設営して飼育・女王バチの越冬による増殖と普及活動が積極的に行われるようになった。

串原でのこの活動は、村おこしとして村のバックアップも得て盛んに行われた。活動の中心人物である三宅尚巳氏（当時愛好会会長）を取り上げたテレビ番組「夢の地バチが飛んだ～岐阜県串原村～」（NHK、一九九五年五月二五日放映）が東海地区で放映された後、一年間の活動をまとめた「ヘボに魅せられた男～地バチの村奮闘記～」（NHK、一九九六年二月八日放映）が全国放送された。これにより、中部地方で、伝統的にハチ追いや飼い巣を行っていたところでは、この方法にならってハチの子越冬増殖をはかろうという機運が生まれ、各地の同好会組織結成へと至った。これらの同好会が、技術の指南を受けに串原の三宅会長とヘボ愛好会を訪問してきたことから、「全国地蜂連合会」なる全国組織の結成へと展開した。最盛期には、岐阜、長野、愛知、静岡、山梨で三二の団体が加盟する全国的組織となった。そして、増殖事業と飼育した巣を持ち寄って大きさや出来映えを競うコンテストを軸として、各地で活動が展開した。中心的な役割を果たしてきた串原のコンテストは、「全国地蜂コンテスト」と銘打たれ、各地から選りすぐりの巣が持ち寄られ、その大きさが競われるようになった（図9）。この連合会に加盟していない団体や、町内会行事としてコンテストを行う（岐阜県八百津《やおつ》町潮南《しおなみ》）こともあり、個人の楽しみから地域の活動や行事としてハチの子の飼育や食が盛んになった。コンテスト会場では取り出した巣の販売も行われたため、それを求めて客が集まるようになった。

技術の向上　こうした活動により、従来の伝統から変わった点は、技術的には、冬季の女王バチの越冬補助と翌春の放蜂《ほうぼう》、飼育方法の改良である。かつては、自宅で育てた巣を秋の最盛期に取り出して、食用に供するというのが一般的であった。翌年の新女王バチ越冬のためには、新女王を確保することが必要になる。そのために複数の巣箱を専用に設けた小屋に設置し、新女王とオスの羽化時期に小屋を閉め切り、交尾後の新女王を確保し、冷暗所で小箱に分散して人工的に冬眠越冬させる方法が採られる。その小屋は運営のために共同化され、また、新女王を分散して保管するために巣箱は会員に頒布されて、越冬が効果的に行われるようになった。

また、コンテストでより大きな巣を競うために、エサの積極的供給による巣の大型化が指向された。鶏のレバー・ササミ、鹿肉、白身魚など脂分の少ない肉を主として時期に応じて動物性食品を与え、あわせて砂糖やミツ等を配合した水溶液によって糖分を与える方法が採られるようになった。それまでは、外敵防御や温湿度変化の安定化をはかるにとどまり、自然採餌《さいじ》に任せていた。人工給餌《きゅうじ》は巣の増大化に貢献するので、広く普及するようになった。巣の大型化にともない、飼育箱も形状の改良が進められ、設置方法や周辺環境整備もそれぞれの場所に応じて工夫されるようになった。

これにより、飼い巣によって得られる巣は、コンテストが始まった九〇年代には三キロ程度のものであったが、二〇一〇年頃には、五キロ以上の巣が上位を占めるようになり、最大の優勝巣は七、八キロもの大きさになった。こうした技術は秘匿されるものではなく、飼育名人の視察やコンテスト会場での出会いを通じて技術の提示や情報交換が行われた。

普及にむけては、伝統的なハチの子利用のみならず、新たな料理の考案が試されたり、コンテストを交流事業としても展開するなど、自分たちの文化のアイデンティーの再発見にもつながった（野中二〇〇三）。

全国地蜂連合会と地域の活性化　全国地蜂連合会の総会はこれまで九回開催され、加盟団体会員の交流のみならず、外部に向けた講演やイベントも実施され、開催地での社会的啓発や関心の増大が目指された。

九〇年代初頭の草創期からおよそ四半世紀、途絶えることの危惧された伝統文化を持続発展させようと、活動を継続してきたこと自体が特筆されることである。従来のコミュニティ活動では難しかった男性の社会参加の促進、一年間の継続した活動と毎年の継続と蓄積、環境と伝統文化への関心契機など、地域の活性化に役立った。串原では、南アフリカからのゴスペル合唱団招聘《しょうへい》とそれに関する事業など、本来の目的を越えたところでの新たな活動を担う母体としても機能し、参加者の新たな関心も生み出した（野中　二〇一〇b）。

二〇一〇年（平成二二）に愛知県で開催された生物多様性条約締約国会議（COP10）生物多様性フェアでは、全国地蜂連合会がブース出展し、生きたクロスズメバチの巣箱展示や、採集・飼育・食用の様子を国際的に紹介し、海外参加者からも高い関心を持たれた。

昆虫食の世界的関心の高まりにより、FAOとワヘニンゲン大学との共催による「世界食用・餌用昆虫会議」（二〇一四年）でも、ブース出展に協力し、飼育巣箱と採集道具の展示、写真展示が行われた。この時ふるまわれた串原のヘボ五平餅、朴葉寿司《ほおばずし》は大勢の参加者に喜んで食べられ、ハチの子を

図10　世界食用昆虫会議での昆虫食展示

はじめ、イナゴ、カイコのサナギの佃煮も来場者の関心を引いて持参した分は売り切れた（図10）。

この活動により、さらにこれまで食用にしなかったところでも新たに関心がもたれるようになった。こうした地域文化資源の活用として、全国組織の力が発揮され、新たな交流も広がった。このような同好会とそのもとでの飼育活動のイノベーションは、伝統が地域資源として認められ、発達してきたものだといえる。

しかし、各団体の会員数や連合会組織加入団体は減少傾向にある。一九九〇年代最盛期には六県にわたって三三あった連合会加入団体数は、二〇一八年には一二にまで減少した。これは各団体の会員の高齢化による会員数減少と活動の縮小が大きな原因となっている。中心的な役割を担ってきた串原地蜂愛好会でも、二〇一〇年代を過ぎると会員数は最盛期の六割ほどに減少し、コンテストへの出品数も減少している。各団体でも次の世代のメンバーが加わって活動が継続するには至っていない。地域の若い世代では、ハチ追いをやることは九〇年当時よりもさらに減少し、食べることも減っている。この点では、当初の目標であった、若い世代への継承がうまくいっていないことは否めない。しかし、団体のある地域の多くは、中山間地域にみられる少子高齢化まっただ中にあり、コミュニケーション活動の衰退はこれに限られたものではない。いっぽう、二〇一六年以降、東京と島根に新たな団体が一つずつ誕生し、静岡県や山形県でも愛好者の集まりが生まれている。これは連合会会員と各地の人たちとの交流関係から発展したもので、新たな関心の広がりもみられる。

団体組織ゆえになしえたことの意義は大きい。コンテストは、多くのハタラキバチが飛び交う場であり、ふつうに照らし合わせたら危険なイベントのレッテルを貼られかねない。しかし、地域で共有される伝統的な知識技術の再認識となり、外に向けて発信することが誇りとなり、活性化に結びつくことを示したのである（野中　二〇〇三）。危険とされるハチの習性やその危険の程度を「わかっている」、すなわち在来知識に裏打ちされた実践によってうまく成り立たせてきた。

新たな活動　こうした活動や食は、客寄せのイベントや食材や料理そのものではない。地域の環境や社会の中で育まれ、生活の中に組み込まれたものである。土地に生きるアイデンティティの重要な部分となっている。地域の会議においても「お前はヘボ飼っとらんだろ」と、飼い巣をやっているかどうかが、議論での判断基準にすらなっていることもその証左である。

串原では、二〇一三年(平成二五)のコンテストが二〇回目ということで一つの節目として、愛好会によるコンテストを終えることとした。しかし、村の若い世代の者が新たに受け継ぐこととし、村の人たちも協力して実行委員会が組織され、昨年までのコンテストを受け継ぎ、さらなる展開を目指している。岐阜県立恵那農業高校には同年にクラブ活動として「HEBO倶楽部」が二〇一六年度に設立され、地元の人々から技術や知識を学び、あらたな地域活性化を目指してきた(二〇一七年度まで)。より広い普及を経済的に支えようと、菓子商品開発もフードコーディネーター上村尚美氏によって進められている。九〇年代に愛好会を結成した人たちが抱いた夢と希望は、その後の現代社会におけるハチの子文化を作った。伝統を活かし、その変革をなし得た。その努力は、従来の昆虫食への挑戦でもあった。こうした思いが次にどう表れるのか、ここに文化の継続のカギがある。それは、外部との交渉によって促進されるかもしれないが、地域文化としては地元の人たちが意識し、具現化しようとすることによって、はじめてうまくいくであろう(野中 二〇一四)。

地域で人が集まらなくなったときに、より大きな地域での連携が可能になるかどうかは、各所の相対的に若い世代の人々の活動にかかっている。情報の共有とモータリゼーションが便利になっていく中で、伝統的=地付きとされる文化が、過去二〇年のイノベーションの発想を受け継いで、あらたな形態になるのか、あるいは、他と同じように衰退の一途を辿るのか、もとの個人の楽しみとして生き続けるのか、山里の資源の活用と地域の存続とも関係している。

里山の甘い思い出—イモムシ　昭和二〇年代頃まで、日本の家庭では薪炭《しんたん》が欠かせない燃料だった。山村の里山での生産は自家用のみならず現金収入源としても大切だった。伐った幹やその切り株の中には、白い幼虫が潜り込んでいた。おもにカミキリムシの仲間で、コウモリガ、ボクトウガの幼虫も含まれる。薪に小さく割った際には容易に得ることができる。これが子どもたちのおやつになり、大人も食べていた。醤油の付け焼きとされることが多かった。火にくべると、「縮んでいた体がひゅーっと伸びて、あれはうまかった」と述懐する人も多い（図11）。今も薪炭を製造する人の間では食する機会があるが、先の図1にみるようなかつての全国的な広がりはすでにない。薪生産に付随する副産物であり、その生産がなくなったことにより、食用も衰退した。

図11　薪の中のイモムシを食べる

山里の秋の味覚の代表は栗《くり》であるが、この栗の中に入るクリムシ（クリシギゾウムシの幼生）も中部地方などで食べられてきた。採集した栗を広げて出てきたところを集めて食べるところもあれば、大きく育てるところもある。大きくなるといっても一チ《セン》にも満たないが。後者の例は岐阜県恵那市蛭川《ひるかわ》にみられる。収穫した栗を土とともにバケツに入れておき、時折水をかけて適度な湿気を保つ。そのうち栗から出た幼虫は土の中で成育する。一二月頃に取り出して「栗ムシご飯」にする。私は、塩味で軽く炒めてサラダにしてもらって食べたが、小さいながらも栗を思わせる甘みが引き立っておいしい。ゆで栗に入っているのを気づかずに噛《か》み潰してしまうととてもまずいが、この虫そのものを食べるとなるとおいしいのである。イモムシ食は世界で多いが、日本もその一つであった。

図12　カイコのサナギの佃煮

現金収入の副産物―カイコ

農山村と工業とが結び付いて日本の近代化を支えた一大産業が絹《きぬ》生産だった。養蚕は農山村での重要な現金収入源であり、絹を作り出すカイコガの幼虫は多くの農家で大切に育てられた。繭《まゆ》は製糸工場に運ばれて絹糸をとられた。その残りのサナギが副産物として食材になった。家庭では自家用に用いた繭から絹糸や真綿《まわた》をとった後のサナギを食材とした。長野県下では、食品業者によって総菜として佃煮に加工されたものが売られている（図12）。カイコのサナギはアジア各地で食用にされている。韓国ではカイコのサナギ（ポンテギ）は人気があり、大鍋で煮ながら売っている露店が都会に点在し、コンビニエンスストアでは缶詰が手に入る。ベトナム、タイ、ラオス、中国など東南アジアの市場でもサナギが売られている。タイでは、さまざまに味付けして揚げられたスナック食品の袋菓子や缶詰も売られている。

4　昆虫食という食文化

貴重な食べ物の意味　昆虫食といえば、「貴重なたんぱく源として利用されてきた」という枕詞が今なお常套句《じょうとうく》である。とくに「山国では」という動物性タンパク源としての貴重性を言い表わされがちである。この「貴重」の言葉の裏には、昆虫は食べないものであることを前提として、他に食べ物がないから虫すら食べているのだろうという、うがった見方が込められている。そして、貧しい人たちや食料難に苦しむ人たちの食べ物だとの見方が根強くあるように思われる。それはテレビなどでことさらに口を大きく開けて虫を丸ごと食べようとするシーンや、虫の姿形を強調するような料理が登場することに表れている。伝統的に食べられてきたところでは、昆虫はなんの衒《てら》いもなく当たり前の食材として扱われ、食べる部位だけを選り分けることや繊細な調理はエレガントですらある。まだひげが動いているような立派な伊勢エビの造りや、ぴんと体の伸びた車エビにプリプリした食感を想像しておいしさを感じるように、昆虫を食べてきたところでは、ハチの子独自の味や食感においしさを感じ、あえて食べるのである。

日本では昆虫の料理は、伝統的に各地とも、佃煮《つくだに》、醤油《しょうゆ》の煮付けというのが圧倒的に多い。もう少し簡単にすませるならば、醤油の付け焼きや塩で炒めるという方法もある。こう書くと、単純ではないか、虫の味でなくて醤油の味しかわからないではないか？ という人もいるかもしれない。しかし、自宅で作る煮付け料理や総菜屋で売っているアサリやタツクリやキャラブキなどの佃煮、どれをとっても同じ味はない。イナゴならではのサクサク感、ハチの子のプリプリ感、嚙みしめると醤油と混ざりあって広がる肉の味、醤油味というものも虫の持ち味を発揮させるものだと感じられる。イナゴにしても、さっと味付けする家もあれば、三日間以上コトコト煮込む家もある。甘さ辛さの加減、食感、それぞれ微妙な好みの味ができる、家庭の味である。昆虫食は、食生活の中で結び付いて食べられてきた。昆虫食の盛んな東北タイ・ラオスではカメムシやタガメを使った「チェオ」と呼ばれる料理が作られる。幼生ではなく成虫が、ハーブ、香辛料とともに搗《つ》き潰されたペースト状のタレである。コクと香りが混じり合って、モチ米につけて食べるとご飯が進む。信州でもイナゴミソ、コオロギミソが作られていた。ただし、身の方を食べるために取り除いた脚のみを使う。有効利用なのだが、味噌にだしのようなうまみとコクが出る。これもチェオと同様の調理と利用方法である。

昆虫が食品として高く評価されるのは、FAO報告書でも指摘されるように昆虫個体のもつ栄養価の高さにある。単位量当たりで、たんぱく質、脂質に富み、効力をもつアミノ酸、ビタミン類やさまざまなミネラルなどの含有量も多い。また、昆虫はイモムシを代表とするような群生して手づかみで採集される種類が多く、手軽に入手しやすいから食物となってきたとも説明される（ハリス 一九八八)。

獲得の労力と楽しみ　日本でも、イナゴを一時に数キロ、シーズン総計では数十キロを採集して調理保存したり、オオスズメバチを数十キロ獲ったり、クロスズメバチを家庭で飼育し、一巣で五キロを超えるような巣に育てることもあり、いくつも飼育し条件が良ければ、秋には数十キロにもなる量を得る人たちも少なくない。缶詰や佃煮は一年中売られている。しかし、実際に食べるとなると、採集に関わる人たちでの分配、さらに家族人数での一人当たりの量、贈与や販売などで人に渡ることを勘案していくと、一人当たりの量は小さなものとなる。また、乾燥あるいは冷蔵保存して長期間食されることもあるが、季節性が大きい。

こうした獲得物の分配に時間的配分も加えてみると、食用昆虫は他の食べ物に比して食事全体に占める割合は小さい。ラオスでは量的には魚が圧倒的に多くを占め、パプアニューギニアも同様である。いかんせん個体重量が小さく、総量として得られるエネルギー量、各栄養素の摂取量は小さい。さらに、昆虫は生息するものなら何でも良いのではない。選り分けられているのである。そして一匹や数匹、わずかな重量しか得られない種類も食用にされているし、それらも探索行動が必要で、とりわけスズメバチ類を得るためには狩猟とも呼べるような山野での追跡もあり、労働量は大きい。

そもそも虫を食べているところでは、わざわざ虫を食べなくても必要なエネルギーは満たされていることがわかってきた。それにもかかわらず、昆虫はわざわざ食べたい一品になっていると評価したほうがよい。昆虫食における「貴重」という言葉は、昆虫のような小さな対象を捕獲し集めるための巧みな技術と知識の蓄積、獲得や調理の努力にある。それが市場価格に反映して高価になっているのである。昆虫食は、昆虫そのものではなく、料理になるまでの過程を総合的に含む食品が、食生活や社会の中での食習慣に組み込まれたものである。

自然産物はローカルなものである。そしてそれを生かした食物もまたその土地の生物環境に歴史・文化が合わさって成り立っている。流通もその規模を前提にしている。昆虫食は、それぞれの土地での生物生息相や食文化を反映して成り立ってきたものであり、その文化はローカルな文脈で関連する諸条件で構築されたものである。その文脈で「山里の貴重な食料源」としての意味を付したい。食事を豊かにするその味から想起できる暮らしと環境。自然と社会のつながりを昆虫食はもっている。昆虫という小さな食べ物の背後に含まれる、さまざまなつながりの再認識に目を向けることが重要である。豊かな自然を享受できる採集資源として、都会といなかをつなぐ食材として、さらにコミュニケーションを提供する料理としても昆虫食がある。

参考文献

末永雅洋　二〇一二年「イナゴの採集と調理活動―福島県中央部を事例として―」『史苑』七二巻二号
西尾亮平　一九九九年『ヘボ（地蜂）騒動記　その生態と魅せられた人々』自刊

野中健一　一九八七年「昆虫食にみられる自然と人間のかかわり（二）」『行動と文化』一三号
二〇〇五年a『民族昆虫学―昆虫食の自然誌―』東京大学出版会
二〇〇五年b「虫を食べる文化―自然への態度―」『科学』七五巻一号
二〇〇八年『昆虫食先進国ニッポン』亜紀書房
二〇〇九年「食虫の愉悦」菅豊編『人と動物の日本史3　動物と現代社会』吉川弘文館
二〇一〇年a「虹色のヘボ」『史苑』七〇巻二号
二〇一〇年b「食べられる?から食べられる!へ」『子どもの本棚』五〇六号
二〇一三年「昆虫食と食用昆虫―新たな食物資源としての可能性―」『食品と科学』五五巻一〇号
二〇一四年「伝統的昆虫食と食文化―日本のハチの子食―」『昆虫と自然』四九巻一三号
朴恵淑・野中健一　二〇〇三年『環境地理学の視座―〈自然と人間〉関係学をめざして―』昭和堂
ハリス、マーヴィン著、板橋作美訳　一九八八年『食と文化の謎―Good to eat の人類学―』岩波書店
松浦　誠　二〇〇二年『スズメバチを食べる―昆虫食文化を訪ねて―』北海道大学出版会
三橋　淳　二〇〇八年『世界昆虫食大全』八坂書房
三宅恒方　一九一九年「食用及薬用昆虫ニ関スル調査」農事試特報告三一
Arnold van Huis et.al. 2013 *Edible insects: future prospects for food and feed security*, FAO.

とんかつとすき焼き——文明開化後の肉食——

東四柳祥子

1　肉食解禁で始まる近代

近世までの肉食事情　日本の近代は、開国とともに解禁した肉食の奨励とともに幕を開ける。とはいえ、古来日本人はまったく肉食をしていなかったというわけではない。原始・古代の遺跡からはシカやイノシシなどの骨が多数出土し、ブタの家畜化、イヌの食用もすでに一般化していたとみられている。

しかし六世紀に伝来した仏教思想の受容・普及にともない、動物の殺生《せっしょう》を禁じる風潮が高まりをみせるようになる。さらに天武《てんむ》天皇年間には、ウシ、ウマ、サル、イヌ、ニワトリの食用を禁じる日本初の肉食禁止令（六七五年）が発布された。なおこれらの禁忌理由は諸説あるが、舟木夏江編『牛に

関する伝説雑話　附明治肉食小史』（一九一三年）によれば、「牛馬は農業を助け、犬は夜を守り、鶏は農を告げ、猿は人に似て教を聞く」動物であることを挙げている。つまりこの禁令では、日本人にとって食用動物として身近であったシカやイノシシ、野鳥類などは禁忌対象となっていない。さらに四月朔日《ついたち》から九月三〇日までの稲作期に限って命ぜられた法令であることから、仏教的倫理観から発布されたものではなく、「米の収穫を安定させるための殺生禁断令」としてとらえることができるとの見方もある（原田　二〇〇五）。

その後も各天皇による精進潔斎《しょうじんけっさい》を求める政令は続き、個人の狩猟禁止、諸国からの魚肉の貢進停止のみならず、肉食をした場合、鞭《むち》や杖《じょう》で打たれる刑罰までもが定められた。また肉食をしたことで寺を追われた僧侶や参内を許されなかった高官の記録なども残されるようになり、肉食を忌避する風潮は徐々に日本社会へと浸透していった。さらに平安中期にさしかかると、天災、飢饉《ききん》、外患の流行に不安を感じた貴族たちが、現世・来世の安穏を祈願し、僧侶たちとの密な交流を重んじるようになる。とりわけ末法思想《まっぽうしそう》の流行は貴族の物忌《ものい》みや潔斎にも影響を与え、宮中行事において、魚鳥以外の獣肉の使用を禁じる動きの原因ともなった。

しかし天皇や貴族の肉食禁忌に比して、庶民間での禁令の効果はあまり浸透しなかったのも事実である。中世の食生活において肉食が行われていたことは、草戸千軒《くさどせんげん》町遺跡（広島県福山市）など中世遺跡での発掘調査結果でも明らかにされている。また貴族社会においても、古代より「薬狩《くすりが》り（薬用に

図1　ももんじ屋（『江戸庶民風俗絵典』所収）

鹿茸《ろくじょう》〈鹿の幼角〉を採ったり、薬草を採取する宮廷行事）」と称した狩猟の実態が確認でき、徹底した排斥が行われていたわけではない様子もうかがえる。近世に入ってもなおキリシタン大名の高山右近《たかやまうこん》が友人たちにふるまった牛肉料理や彦根《ひこね》藩の井伊《いい》氏から幕府に献上された薬用牛肉（干肉《ほしにく》や味噌漬《みそづけ》）など、今に伝わる肉食の逸話も多い。さらに当時は、肉食を「薬食《くすりぐ》い」という隠語で称し、できものにはキツネ、五臓の病にはイノシシ、産後の肥立《ひだ》ちにはシカ、痔《ぢ》にはタヌキをすすめるといった獣肉の効能を評価する動きもあったという（富田・内海　一九八八）。

いっぽう、こうした状況に異論を唱える動きがあったのも事実である。国学者の小《お》山田《やまだ》与清《ともきよ》は、自著『松屋筆記《まつのやひつき》』において、文化文政期における獣肉店の増加を指摘しながら、イノシシ、シカ、オオカミ、キツネ、タヌキ、ウサギ、イタチ、サルなどが売られている光景を憂い、蘭学者たちがもたらした悪習であると批判している。実際こうした獣肉店は「ももんじ屋」（図1）と呼ばれ、肉食を嫌悪する人々の間では依然忌避される対象であった。なおシカを「紅葉《もみじ》」、イノシシを「牡丹《ぼたん》」「山くじら」といった隠語で称するようになったのも、こうした社会背景からきているのである。

牛肉店・牛鍋屋の流行　幕末の開国にともなう来日外国人の増加は、牛肉をはじめとする獣肉の国内需要を拡大させた。しかし、当初は国内の深刻な屠牛《とぎゅう》商人不足のため、調達が追いつかず、アメリカや中国からの輸入牛を船上で屠殺《とさつ》するといった状況に追い込まれていた。やがて来日外国人たちの尽力もあり、神戸や横浜などの居留地に屠畜場《とちくじょう》、牛肉店が徐々に開設。さらに外国人の間で但馬牛《たじまぎゅう》が高い評価を受け、国産牛の見直しとともに、文明開化を象徴する牛鍋屋《ぎゅうなべや》・牛肉店を増加させる契機ともなっていった。

一九〇八年（明治四一）に石井研堂《いしいけんどう》が著した『明治事物起原《めいじじぶつきげん》』には、幕末の牛鍋屋の繁盛ぶりを物語るこんなエピソードがある。一八六二年（文久二）のある時、「伊勢熊《いせくま》」という飯屋の亭主が横浜ではじめての牛肉店を開こうと、妻に相談をもちかけたところ、攘夷《じょうい》論者でもあった妻に「あんな物を商売するくらいなら、別れてください」と啖呵《たんか》を切られてしまう。そこで店内を二つに仕切り、妻の飯屋と亭主の牛鍋屋を同時に営業してみたところ、思いのほか牛鍋屋が繁盛し、納得した妻と牛鍋屋を一本化することになった経緯が記されている。

また同じ頃、横浜在住の中川屋嘉兵衛《なかがわやかへえ》は、日本人としてはじめて牛肉店の開店を思いつく。それまでの牛肉店はおもに在日外国人の経営によるものであったが、中川は荏原《えばら》郡白金《しろかね》村（現在の東京都港区）で借用した祖父堀越藤吉の屋敷の一角で屠畜業に着手した。しかし、案の定、屠畜は地域に騒ぎをもたらす。というのも、当時の屠畜は、穢《けが》れを避けるため、御幣《ごへい》を結んだ青竹を四本立て、四方をしめ縄で張り、その中につないだウシを掛矢《かけや》（木の大づち）で撲殺するというスタイルで、肉を取ったあとの残余は土中に埋め、お経をあげるのが常であった。中川はその後、大森海岸に屠畜場を移し、品川高輪《たかなわ》の東禅寺《とうぜんじ》門前に牛肉店を開店する。なお中川の牛肉店の盛況ぶりはすさまじく、次いで牛鍋屋「御養生牛肉　中川屋」の開店にもこぎつけるが、ここでもやはり土地探しに苦慮したと伝えられる。

このように、当時はまだ肉食に対する抵抗が依然存在していた。先に紹介した石井研堂も近世までの根強い肉食嫌悪の状況を指摘し、自身の幼い頃の記憶にも、四足獣を屋内で調理すると、火を穢すと考える迷信があったと追想している。いっぽう作家の内田百閒《うちだひやっけん》も幼い頃の記憶に、一般にはまだ四ツ足の牛肉はくさい、穢れがあると信心されていて、近所の大工が普請《ふしん》の屋根から落ちて亡くなった際にも前の晩に食べた牛肉の穢れが原因とされたと述懐する。実際、百閒自身も、親戚宅で「禁断の牛肉のすき焼」を食べた後、母親に酒でよくうがいをし、ミカンを食べるようながされ、周りにばれないよう息の臭いを確認したとも回想している。

また長岡《ながおか》藩家老の娘で、後にコロンビア大学で教鞭をとった杉本鉞子《すぎもとえつこ》の『武士の娘』（初版は一九二五年にアメリカで出版）にも、「私の幼い頃」（明治一〇年代）には「牛肉といえばいみきらわれたもの」

であり、仏壇にめばりをし、「肉の入った汁をそえた、もののしい夕食」を食べたとの思い出が綴られている。さらに本書には、強壮な身体づくりによいと医師にすすめられた牛肉を、「異人さんのように強くなりたくもなし、賢くなりたくもありません。ご先祖様方が召上った通りのものを頂くのが祖母《ばば》には一番よろしいがの」と忌避した「大事なお祖母さまの心」を気づかい、おいしく感じた牛肉の味について周りに吹聴せず、そっと姉とだけ話し合った杉本の心配りも記されている。

しかし牛肉を味わう機会が方々で増えていくなかで、関東では伊勢熊や中川屋のみならず、太田の縄のれん、いろは、米久、河合、伊勢重、三河屋など多くの名物牛鍋屋が誕生し、やがて客層も身分の低い職人や車夫《しゃふ》から一般層へと拡大した（図2）。こうした盛況ぶりからも明らかなように、紆余曲折を経ながら、時代は肉食を受け入れたのである。なかでも富国強兵《ふこくきょうへい》政策をスローガンに打ち出した明治新政府は、

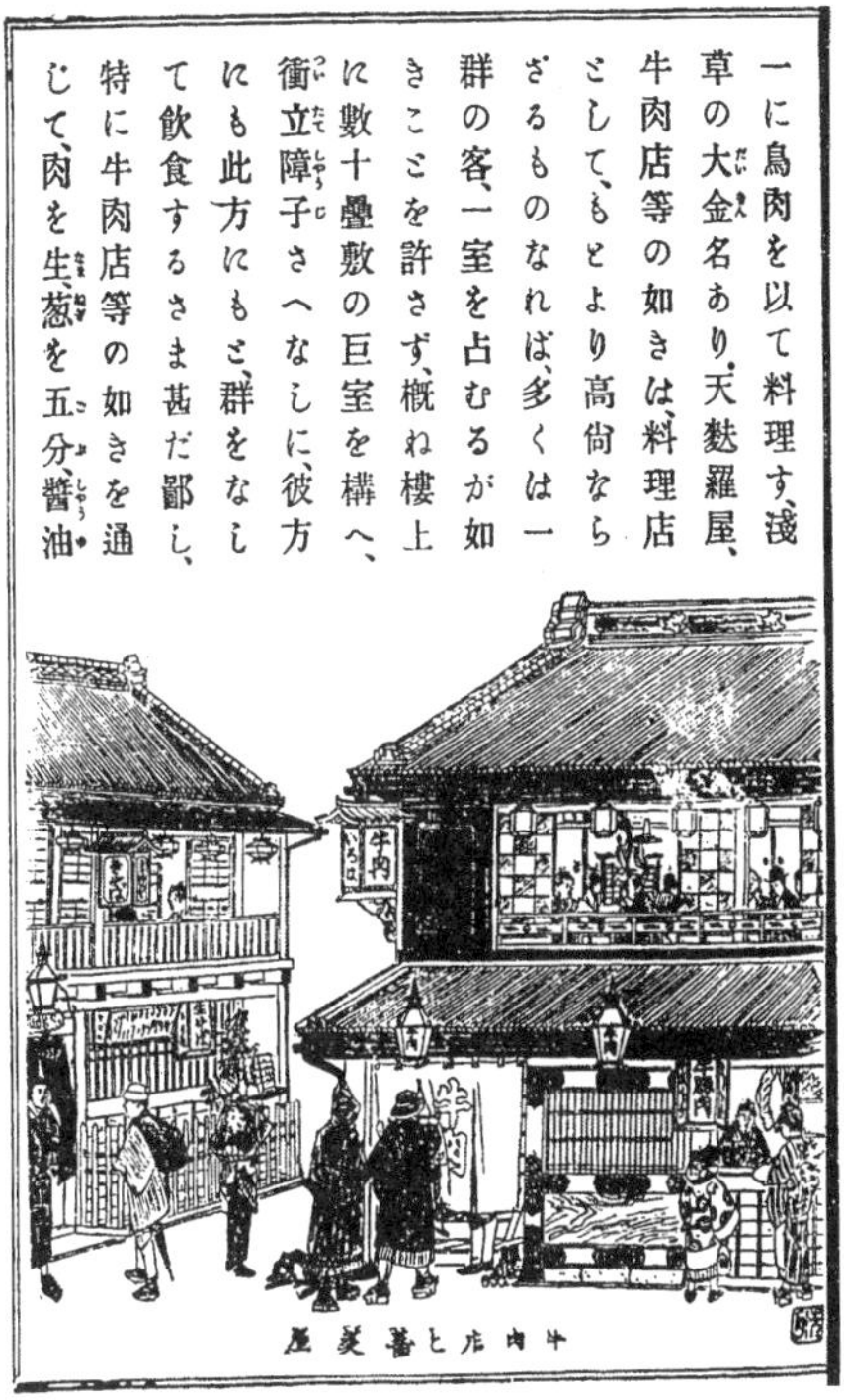
一に鳥肉を以て料理す、浅草の大金《だいきん》名あり、天麩羅屋、牛肉店等の如きは、料理店として、もとより高尚ならざるものなれば、多くは一群の客、一室を占むるが如きことを許さず、概ね楼上に数十疊敷の巨室を構へ、衝立障子《ついたてしやうじ》さへなしに、彼方にも此方にもさ、群をなして飲食するさま甚だ鄙し、特に牛肉店等の如きを通じて、肉を生葱《なまねぎ》を五分《ごぶ》、醤油《しやうゆ》

図2　明治の牛肉店（『東京風俗志　中』所収）

外国との戦争に負けない強い軍隊を作るため、西洋の食事にならい、強壮な身体作りに励むことを国民に期待した。特に牛肉は文明開化の象徴として、また体質改良を叶える重要な食材として数多くの出版物の中で紹介され、その食味の良さと栄養価の高さが評価された。

こうした時代のあおりを受け、料理屋や鳥屋から牛鍋屋に転向する輩も急増する。また明治後期になると、牛肉を扱う商売形態も、ウシを撲殺して販売する「潰し問屋」、「潰し問屋」から仕入れた肉を客の求めに応じて販売・配達をする「切売屋」、飯と牛鍋を提供する「鍋屋」、「切売屋」から買い求めた切り出し肉や臓物の煮込みを売る「煮込屋」と多様化していく（安藤直方・多田錠太郎『実業の栞全』一九〇四年）。なかでも下等の客を相手にしていた「煮込屋」は、以前は「鍋屋」の客の食い残しや馬肉・犬肉を一緒に煮込んで提供するきらいもあったようだが、明治の終わりにはこうした状況も見られなくなった（原巷隠『各種営業小資本成功法』一九〇八年）。ともあれ、かつては農耕の道具とされたウシの味わい方を模索する時代が、新政府の新たな思惑とともにここで幕開くのである。

2　肉食論の賛否

肉食賛成派の動き　明治新政府が目指した肉食の奨励は、改元早々から始まる。一八六九年（明治二）には、食肉や乳製品の製造・販売に着手する官営の築地牛馬会社が設立され、『牛乳考・屠畜考』

といった動物食をすすめる書籍も出版された。また政府の肉食奨励が高まりをみせるにともない、福沢諭吉、加藤祐一《かとうすけいち》、仮名垣魯文《かながきろぶん》など独自の肉食推奨論を披露する論客も現われた。なかでも福沢諭吉は、日本古来の穢れイメージを払拭し、肉食こそ心身の健康を叶えてくれる最良の滋養品であると真っ向から論じ、牛馬会社の求めに応じ、肉食の宣伝冊子『肉食之説』（一八七〇年）を著している。いっぽう『文明開化』（一八七三年）の著者である加藤祐一も、「元来《ぐわんらい》獣肉《じうにく》魚肉《ぎよにく》総《すべ》て肉類《にくるい》を忌《い》むは、沸法《ふつはう》から移《うつ》つた事で、我《わ》が神の道には、其様なことはない」と説き、古くより神饌《しんせん》に動物を献上する習慣が根付いている経緯を取り上げ、獣肉の穢れに対する不安を一掃すべきと主張した。

実際肉食が流行していた様子は、仮名垣魯文著『牛店《うしや》雑談《ぞうだん》安愚楽《あぐら》鍋《なべ》』（一八七一～七二年）に描かれた世界からも明らかである。仮名垣もまた肉食は万人の滋養となると主張し、牛鍋を楽しむさまざまな職種（鄙武士《いなかぶし》、諸工人《しよくにん》、生文人《なまぶんじん》、娼妓《おいらん》、歌妓《げいしや》、人車《じんしや》、商法個《あきんど》、芝居者《しばいもの》、藪医生《やぶいしや》、落語家《はなしか》、茶店女《ちやみせむすめ》など）の立場から肉食の魅力について語っている（図3）。特に肉食の滋養分の高さは、明治の早い時期から多くの書籍で評価された。例えば新宿農事試験場主の池久吉《いけきゆうきち》は、自著『実地《じつち》経験《けいけん》養豚《ようとん》手引《てびき》』（一九〇二年）において、「澱粉《でんぷん》質を常食とせる国民は自由の思想に乏しく、米作の盛に行はる丶国の人民は、権利の思想少し、然るに、獣肉の消費盛んなる英米に於ては、民権制度の発達大なり」と主張するイギリスの歴史学者ヘンリー・バックルの事例を取り上げ、富国強兵の実現には、滋養のある肉食を「常食」といかずとも、「菜食」の「補助」に用いるべきであると強調している。

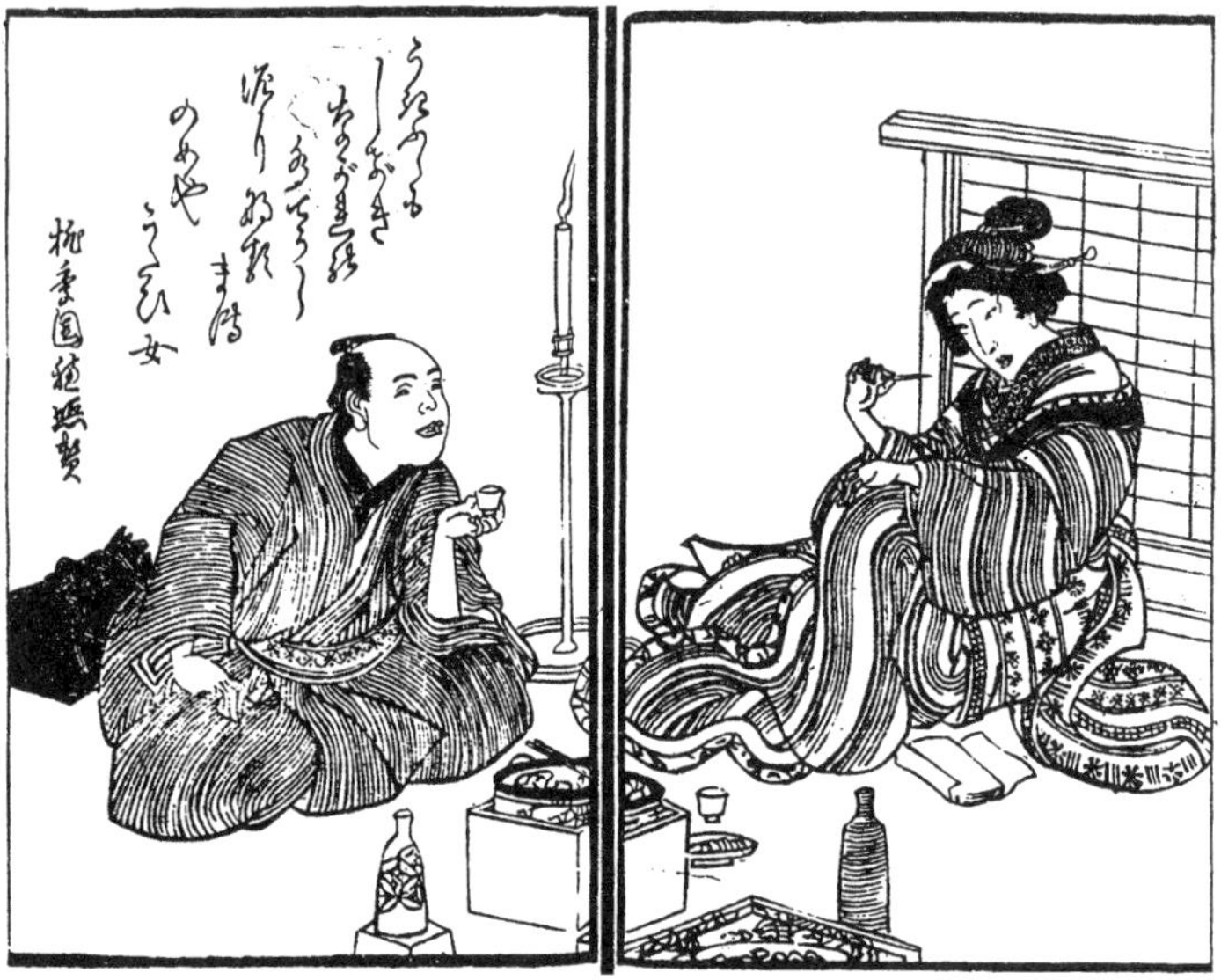

図3　牛鍋屋（『牛店雑談安愚楽鍋　一名奴論建 二編下』所収）

こうした動きと並行して、肉料理の調理法を理解するようすすめる料理書も出版された。特に明治期の西洋料理書には、肉食を重んじる西洋の食事にならい、滋養を重んじればこそ、報国につながる強壮な身体づくりが実現できるとする主張が打ち出されている。さらに明治後期には、日本医学専門学校長の山根《やまね》正次《まさつぐ》が「日本人はまだ肉食が足りない。足りないと云ふはつまり肉を調理する事が進歩してゐないのが、其重なる原因であらう」と説き、肉食の機会を増やし、「文明のすべての戦闘」に堪え得る身体づくりが「刻下の急務」であると主張しながら、肉料理が多い中国料理の普及を望む姿勢をみせている（柴田波三郎・津川千代子『日本の家庭に応用したる支那料理法』一九〇九年）。

とはいえ、肉の味や扱い方に慣れていない日本人にとって、調理法の理解はことのほか難義であったことは想定できる。例えば、明治期の料理書『肉料理大天狗《にくりようりだいてんぐ》』（一八七二年）所収のビーフステーキ「ひよどり越（一名ピシテキ）」の製法をみてみると、ウシのもも肉をたたき、ストーブにて焼いた後、水に冷やし、しずくを落としてから、胡椒《こしよう》をふりかけ、再度熱を通すという奇妙な内容となっている。肉の脂に抵抗を感じる日本人ならではの工夫が反映されているものと考えられるが、おいしく仕上がるとは到底思えない。

しかし当時の肉食賛成派の料理書執筆者たちは、翻訳書などに頼りながら、獣肉の特徴や栄養価、部位の解説や調理法のこつなどの詳述に努め、日本の調味料と組み合わせた和風レシピの考案に積極的に挑んでいる。とりわけ重視するよう強調されたのが消化の良さと安全な衛生管理であり、料理書のみならず、ビジネス書や医学書などにおいても、その理解を促す様子は確認できる。例えば、『実業家必携』（一八九〇年）の「調理之部」には、牛肉が「如何に美味にして滋養分に富む」とはいえ、その調理法の心得がなくては、胃腸の働きを害し、身体の不調の原因になることを懸念する姿勢が示されている。また医学面からのアプローチとして、胃腸病院長の湯川玄洋《ゆかわげんよう》も、自著『胃腸之一年』（一九〇七年）において、「強壮食餌《きやうさうしよくじ》」としての動物性食品の効果を実感するには調理法の選択が重要だと主張し、肉は薄く切り、堅くなるまで煮ることはせず、寄生虫対策として生食は避けるべしと指導している。

肉食慎重派の想い　さて近代肉食史の背景には、肉食賛成派ばかりではなく、慎重派も存在したことをここで少し記しておきたい。『明治天皇紀』によると、一八七一年（明治四）一二月、明治天皇の御膳に牛肉、羊肉が常時提供されることが定められ、実質的な明治政府による肉食解禁と相成った（宮内庁　一九六九）。しかしこのニュースが、翌月の『新聞雑誌』第二六号に報道されるや否や天皇の肉食に反対した一〇名の御岳行者《おんたけぎょうじゃ》が、宮中に乱入する事件（一八七二年二月一八日）が勃発し、死者が出る騒ぎとなった。その後も各地で肉食反対運動が相次ぎ、穢れを忌んで肉食に抵抗を示す一般人も少なくなかったことは、当時の記録にも散見される。

いっぽう陸軍軍医の森林太郎《もりりんたろう》（鷗外《おうがい》）は、軍隊の食事に肉食を重んじる西洋食ではなく、日本の伝統食を取り入れることをすすめている。なお『鷗外全集』第一七巻（一九二四年）所収の『日本兵食論大意』には、常食を「魚米」とする「東洋人民」は、パンや肉類を常に用いる「西洋人民」と異なる食文化圏であり、さらに消化器官の構造も異質であるため、調達の便や嗜好《しこう》の面を考慮しても、不慣れな西洋食の採用は得策ではなく、米飯、魚、豆腐、味噌で十分な栄養が摂取できるとの見方が示されている。実際、伝統食の価値を評価する森の主張により、陸軍では西洋食を採用せず、米飯中心の軍隊食が定番とされた。

明治後期になってもなお肉食に対する慎重論は方々で展開する。しかしこの頃になると、穢れに対する嫌悪というより、むしろ近代医学の発達とともに肉食が身体に及ぼす悪影響を警戒する書籍が増加し始める。『近世百物かたり』（一九〇三年）には、「近年肉食が流行して牛豚でも食はない者は人間で無いやうに思ッてゐる者がある」という風潮にふれながら、「肉食好きの者」が嗜好する理由に、「獣肉は滋養物だから身体を強壮にする為めに食はなければならない」「肉食をしなければ（西洋人のやうに）深い考へが出ない」「野菜や魚肉の料理よりも佳味《うま》いから食ふ」の三点があるとしている。しかし著者は、「肉食する人」より「菜食する人」に「長命者」が多い傾向を指摘し、肉食偏重主義を批判している。さらに「三十年来肉食した日本人」で「深い考へ」をした者も、西洋の「真似こと」と「焼直し」以外に「ヅバ抜けた」新説や新趣向を言い出した者がいないとも説く。こうした「菜食」が長寿を叶えてくれると主張する書籍は当時数多く出版された。農学博士の沢村真《さわむらまこと》も、自著『食物及料理の研究』（一九一〇年）において、「現在に於ても長寿者に肉食をするもの少なし」と説き、特に「筋肉を使役せざる人」は肉を減らし、野菜を多く摂るようすすめている。

なお健康面から肉食を批判する動きはその後も加速し、さまざまな観点から過食を警戒視する執筆者たちも現れている。なかでも化学的食養会を主宰した石塚左《いしづかさ》玄《げん》の教えを引き継ぐ執筆者たちが、肉食の過食を批判する西洋の医学博士たちの考えを引き合いに出しながら、肉食文化の受容が「沸蘭西《フランス》式の神経痛」や「欧米式の糖尿病」を「侵入」させ、さらに肉の多食が歯質を弱くし、近眼の原因になりかねないとの懸念を示している（角地藤太郎『化学的食養の調和』一九一三年）。

また黄檗宗《おうばくしゅう》の僧侶で仏教学者でもあった河口慧《かわぐちえ》海《かい》は、「肉食の害毒」と称して、肉ばかりを食べていると「智識」の発達を阻害するとともに、心の欲情が盛んになり、「久《ひさ》しきに耐《た》へる力《ちから》」が育たなくなると力説する（河口慧海『生死自在』一九〇四年）。こうした菜食と肉食が精神面に及ぼす影響については、先に述べた沢村も「獣にても肉食するものは活発にして菜食するものは緩慢なる」傾向にあるように、肉食は「動《やや》もすれば残忍の性を生じ易」いため、肉食と菜食を「配合」した「雑食」を意識すべしと主張している。

なお肉食が精神面に及ぼす悪影響を懸念する動きは海を越え、ハワイの日系社会で発行された『通俗演説集』第二編（一九〇五年）においても、「我が日本人は仏教東漸以来主に野菜を食し傍ら魚貝を食したから慈悲心厚く同情の念に富んで居るが欧米人は肉食人種であるから仁恵同情の念が薄い」と説く記述がみえている。

3　経済生活と肉食

物価高騰と肉食の見直し　しかし健康面、精神面ばかりではなく、一九一〇年代以降は経済面から肉食の是非を問う記述も増加する。愉快な対話形式でつづられている『月給トリ物語』（一九一四年）の「牛肉屋」の項には、肉食をめぐる賛否論が展開している。それによれば、「一体肉ばかり喰ふと人間が粗暴《ブルータル》になつて不可《いかん》よ」「肉食のみぢや人間は生きて居られないが、野菜ばかりならピンピンと天寿を全うする樵夫山僧の輩が多いからね」「一体肉食家の頭は透明でないが、菜食家は概して頭脳明晰だ」と、これまでの主張と共通する目線で肉食の問題点を指摘しながらも、高騰しつつある肉食事情にふれ、経済上の理由から肉食を避けるべしとする姿勢を示している。

特に明治後期の牛肉価格の高騰は、深刻な社会問題でもあった。相次ぐ日清戦争、日露戦争への参戦を機に、西南戦争期より軍需品として重宝されていた牛肉缶詰の需要が急増し、国内の食肉市場は大混乱に陥る。アメリカからの輸入ではもはや間に合わず、広島や呉《くれ》で国産缶詰の製造を開始するも、それでも需要が追いつかず、品切で閉店を余儀なくされる小売店すらあったと伝えられる。なおとりわけ人気があった缶詰は、佃煮《つくだに》の製法からヒントを得た大和煮《やまとに》であった。

さらに第一次世界大戦参戦への影響もあり、肉食を避け、菜食生活の遂行をすすめる考えは、ますます盛んに叫ばれるようになる。山田耕甫《やまだこうほ》著『安易生活と食物の活用』（一九一六年）には、ひっ迫する経済に対処するために、肉食は国家経済上きわめて不経済であるとし、高騰する肉食を避けるようすすめる姿勢が示されている。また欧米においても肉食の弊害が認識され始め、「菜食奨励論者《さいしょくしょうれいろんしゃ》」が増加し、「菜食専門の料理店《さいしょくせんもんのれうりてん》」が繁盛していることにふれ、「余《あま》り身体《からだ》を動《うご》かさぬ精神労働者《せいしんらうどうしゃ》」や「年《とし》老《お》いて静座《せいざ》する者《もの》」などはできるだけ肉の量を減らし、菜食をするよう奨励している。こうした経緯からは、明治前期には穢れ思想から敬遠された肉食反対論も、明治後期以降、直面した社会問題の対応策として、肉食を減ずることで国家経済への貢献が期待された肉食慎重論への転換があったことが

図４　唐人屋敷（『長崎古今集覧名勝図絵』所収）

理解される。

　しかしいっぽうで戦地での肉食経験は、地方における肉食の普及を促進する起爆剤ともなった。戦地で牛肉と出会い、そのおいしさに魅せられた若者たちの伝聞により、日本人の肉食消費量は増加したのである。農商務省農務局編『本邦ニ於ケル畜産統計ノ概要』（一九一四年）に収録された牛肉消費量の統計によれば、一八八八年（明治二一）には八万四七一〇頭だった屠畜数も、一九一一年（明治四四）には二六万一一二九頭へと急増し、約二〇年間で一人当たりの年間牛肉消費量に約三倍の伸びがあったことが示されている。

　こうした流れの中で、日露戦争期に牛肉軍需が増大すると、高価な牛肉に代わり、家計を助ける安価な食材として、豚肉が見直される動きが起こった。なお一九一〇年代以降には豚の屠殺数が牛の屠殺数を凌ぎ、その食べ方や料理法を紹介する書籍も増加をみせている。

そもそも豚肉を嗜好する日本人の記録は、江戸期に遡ることができる。当時すでに長崎出島《でじま》の唐人《とうじん》屋敷《やしき》在住の中国人相手に豚を売買する日本人も多くいたとされ（図4）、やがて供給が追い付かなくなった牛肉の代わりに、オランダ屋敷でも豚肉が見直されたという（富田・内海　一九八八）。さらに幕末には、薩摩《さつま》の島津斉彬《しまづなりあきら》が献上した豚肉を徳川斉昭《とくがわなりあき》が好んで食べていたことも、双方がやり取りした書簡の内容から明らかである。また徳川つながりでは、一橋慶喜《ひとつばしよしのぶ》（後の一五代将軍徳川慶喜）も「豚公方《くぼう》」とあだ名がつくほどの豚肉好きであり、将軍後見職《しょうぐんこうけんしょく》時代、何度も薩摩藩家老の小松帯刀《こまつたてわき》に豚肉を所望したと伝えられている。

代用食材としての豚肉

なお養豚に関する書籍は、明治の早い時期にすでに上梓された。なおその嚆矢《こうし》にあたる『養豚説略《ようとんせつりやく》』初編・二編（一八七一～七二年）は、「合衆国飼豚結社」のハリスという人物が書いた英米の近代養豚に関する翻訳書である。実際本書が出版された頃の日本では、政府と東京府の保護を受け、養豚事業を奨励する協救社《きょうきゅうしゃ》が発足し、一時的な養豚ブームが起きていた。さらに協救社を主催した角田享《すみだとおる》は一橋家につかえていた身分ともされ、養豚に出資すれば、出資金が三割の利付でかえってくるとの「おいしい話」で話題を呼んでいた（東京都公文書館　二〇〇三）。

しかし一八七三年（明治六）五月に施行された法令で、市中での養豚が禁じられたのを機に、他業種に転換する者が増加し、協救社は急速にその勢いを失ってしまう（村上要信『養豚新書』一八八八年）。実際、明治初期の豚のイメージは、牛にくらべると芳しいものではなく、滋養のある食材と評価しながらも、不衛生に蓄養したものは身体に害をもたらすとし、危険視する姿勢もみえている。また当時警戒された豚の寄生虫について取り上げる書籍も相次いでおり、こうした状況もまた養豚業離れを助長させたと考えることができる。

しかし一八八〇年代後半になると、滋養があり、繁殖力のある豚の飼育が、国家経済にも大きな影響を及ぼすとの考えが主張され始める。さらに牛肉の高騰により、輸入牛に頼る状況を打破するため、『養豚捷径《ようとんしょうけい》』『養豚新書』『牧豚《ぼくとん》の心得』『養豚略解』（以上、一八八八年）、『豚の利益』（一八九〇年）、『養豚及調理法談話筆記』（一八九一年）といった養豚に関する専門書も出版され、資本のかからない養豚を奨励する動きが本格化する。さらに先にも述べたように、日清戦争、日露戦争の影響でいっそう養豚への関心は高まり、明治期に赤堀割烹教場《あかほりかっぽうきょうじょう》を開校した赤堀峯吉《みねきち》も、自著『日本料理法』（一九〇七年）の中で、新しい食材として豚肉を取り上げ、寄生虫の被害を避けるためによく煮て食べることを指摘しながらも、「一口《ひとくち》に豚《ぶた》肉と申《もう》して軽蔑《さげすむ》やうに聞《きこ》えますが、価格《あたい》の割合《わりあい》に美味《おいし》く食《た》べられる結構《けっかう》な材料《ざいれう》であります」と、滋養品としてのその価値を評価している。

そして豚肉のさらなる普及のきっかけとなったのが、一九一二年（大正元）九月のコレラ騒動であった。多数の死者が出たのを機に、警視庁が生食を禁じる布達を発布したため、魚食をやめ、安価な豚肉を取り入れる家庭が増えたのである。

とはいえ、豚肉の評価に関しては、やはり牛肉に劣るとの見方が一般的だったようで、芝《しば》区《く》三《み》田《た》の豊岡町種禽場《とよおかちょうしゅきんじょう》（現在の東京都港区）の飯田平作《いいだへいさく》は、自著『通俗養豚書』（一九〇四年）において、牛肉の要領ではおいしい料理ができないとし、豚肉料理研究で名をはせた東京帝国大学教授田中宏《たなかひろし》（図5）考案の豚肉料理レシピ（「豚の着け焼《ママ》」「豚の味噌煮」「塩豚の辛子酢」「豚雑炊」「蒸豚」など）を紹介している。なかには、「豚エンソ」「沖縄ラフテ」「豚の七種汁」といった沖縄料理や「豚の心臓と腎臓」「胃袋の吸物」「頭及耳の酢味噌」「気管の吸物」などといった内臓料理も収録され、なかなか興味深い。

なお豚肉の利用法について、沖縄にヒントを求める姿勢は、この時期の他の書籍の中でも確認できる。農林学校や農事試験場での勤務を経、後に農商務省に所属する高山徹《たかやまとおる》（旧姓：玉那覇《たまなは》）も、自著『改訂増補養豚全書』（一九〇八年）の中で、自身の出身地である沖縄県を、「養豚の嚆矢」「日本第一の養豚地」として紹介している。さらに沖縄県の次に養豚が早く始まったのが「薩摩大隅《おおすみ》」（現在の鹿児島県）であるとも説き、全国の豚の頭数（明治三二年）を表記している。それによると、沖縄県が一一万三三二一頭と最も多く、それに次ぐのが鹿児島県の六万六八二四頭となっている。第三位の千葉が六八七〇頭であることからも、両県の屠殺数は圧倒的に多い。なお沖縄県、鹿児島県の肉食文化については後述する。

図5　豚肉料理の普及に尽力した田中宏（『田中式豚肉料理』所収）

4　名物肉料理の誕生

牛鍋とすき焼　幕末から明治期にかけて文明開化の味として称揚された牛肉が、論客たちの肉食論や解説書などによって、社会的地位を得たことは先にも述べた。実際、一八七五年の『朝野新聞《ちょうやしんぶん》』の紙面にも、「山の奥まで牛肉の世界」という見出しで地方への波及を伝える記事が登場し、「近来は山間僻地の処女までが、牛を食はねば人間ではないやうに思ふ程になりました」とある。地域差はあるものの、牛肉は早い段階から多くの人々の心をとらえていた。

ではこの時期に繁盛をみせた牛鍋屋《ぎゅうなべや》では、どんな料理が提供されていたのだろうか？　牛鍋屋の定番メニューは、その名の通り、味噌《みそ》や醤油《しょうゆ》などの和風調味料を用い、鍋で調理する牛鍋である。なお能登《のと》出身の高橋音吉《たかはしおときち》が横浜に開店した「太田なわのれん」（一八六八年創業）は、現存する最古の牛鍋屋の一つとして、今もぶつ切り牛肉をつかった牛鍋を提供し続けている。また『東京開化繁昌誌《とうきょうかいかはんじょうし》』（一八七四年）によれば、牛鍋屋では、牛鍋のほかに玉子焼《たまごやき》、塩焼、刺身、煮付けなども提供され、客人は酒を飲みながら、それらを賞翫《しょうがん》したとされる。とにかく都市部での牛鍋屋の繁盛ぶりはとどまるところを知らず、一八七五年（明治八）に一〇〇軒を超えた東京の牛鍋屋は、二年後には五五八軒にまで急増したとも伝えられている（岡田　二〇一二）。

さらに一八八七年（明治二〇）には、牛のコマ切れとネギを一緒に煮込んだものを、どんぶり飯にかけた「牛めしブッカケ」が誕生する。続いて一八九九年（明治三二）には、牛丼の吉野家《よしのや》の創業者である松田栄吉が、魚河岸《うおがし》のあった日本橋室町《むろまち》で、牛肉と豆腐、野菜を一緒に煮込み、飯にかけて提供する「牛めし」を販売。しかし雑誌『国民之友《こくみんのとも》』には、「牛めしというものは、東京にはある。京阪にはない」という興味深い記述もみえ、ここでも地域差があった様子が理解される。

さて牛鍋の調理法の違いには、煮込み式、焼き肉式の二種があり、前者が関東風、後者が関西風として知られている。また関西では、牛鍋をすき焼きと称し、割り下《わりした》を使わず、牛肉を焼く手法がとられる。なおすき焼きという言葉は、江戸時代の料理書にすでに確認でき、ガンやカモなどの鳥肉やハマチを鋤《すき》や鉄鍋《てつなべ》で焼いてから調味する料理として紹介された。なお関西風のすき焼きが関東に広まったのは関東大震災後とされ、この時、味噌味が醬油味にかわり、生卵につけて食べるスタイルが同時に伝わったとされる。

さてこうした牛鍋人気に付随して、日本の家庭生活の中にも徐々に牛肉をたしなむ習慣が浸透する。例えば明治期（一九〇一年〈明治三四〉～〇八年）に来日し、江戸の島津家の子息たちの教育係を務めたイギリス人家庭教師エセル・ハワードのエッセイにみえる「ほとんど毎食ごとに、ほかに御馳走《ごちそう》が出たうえに、私に故国の料理を味わわせようと、ビーフステーキが出されるのだった。外国料理をよく知らない日本人にとっては、ヨーロッパ風の食べ物の代表的なものはビーフステーキであると信じられていて、お付きの人々は私がどこへ行っても、必ずそれを出さなければならないと思い込んでいた」という記述からは、日本人が牛肉を一番のごちそうとしてとらえていた様子がうかがえる。

いっぽう中流階級層の世界においても、牛肉はやはりハレの食として嗜まれている。一九一〇年（明治四三）に書かれた京都の薬屋の主婦、中野万亀子《なかのまきこ》の日記によれば、中野家では「ビーフの日」「ビーフ会」などと称し、月に一回のすき焼きの日を楽しんでいる。基本的には誕生日などの祝の席であることが多く、「ビーフの御ち走」「ハイカラにビーフのご馳走」などと、ここでもやはり牛肉をぜいたく品としてとらえている様子がわかる。またこの頃になると、自前の「牛肉鍋」を恋人のように大切にし、牛肉を楽しむ東京帝大生の話や、下等の客を相手にする「牛肉煮込屋」の営業方法指南なども書籍の中に散見されるようになり、さまざまな階層間で牛肉が嗜好されていたことも類推できる。こうした状況からは、「薬食い」ではなく、もはや日常の食材として、日本の生活の中に牛肉が定着しつつある経緯がうかがえる。

しかし牛肉の盛況ぶりにあやかり、馬肉を牛肉と偽る業者や馬肉が混入された牛肉の流通が横行したことも、ここで記しておきたい。こうした不正を取り締まるため、牛馬肉の販売営業規則も施行され、両者の鑑別法について論ずる書籍も方々で出版された。しかし馬肉は否定されたわけではなく、食味では牛肉に劣るとされながらも、その滋養分の高さは評価された。そして豚肉同様、大正中期以降、家計を助ける安価な食材として市民権を得るのである。

ポークカツレツからとんかつへ　新たに受容された西洋食文化の影響は、西洋料理と日本料理の特徴を融合し考案された「洋食《ようしょく》」という新しいジャンルを誕生させた。なお明治前期の「洋食」は西洋料理の別称として扱われることの多い用語であったが、明治後期に増加する家庭向け料理書の進展と平行して、日本の家庭でも調理がしやすく、やがて日本人の味覚に合うよう工夫された和風西洋料理という意味を帯びるようになっていく。こうした流れの中で、とんかつ、カレーライス、コロッケが憧れの三大洋食としての地位を獲得。中でも今も人気メニューの呼び声が高いとんかつは、フランス語のコットレット、英語のカットレットに由来するポークカツレツを、天ぷらの要領で調理したものが原型とされている。

しかし日本初の西洋料理書『西洋料理通《せいようりようりつう》』（一八七二年）にみえる「ホールコットレッツ」のレシピは、バターで豚肉を炒める方法となっており、油で揚げる現在の調理法とは異なっている。いっぽう『軽便西洋料理法指南《けいべんせいようりようりほうしなん》』（一八八八年）にみえる「カツレツ」のレシピには、「メリケン粉」「玉子の黄身」「パン粉」をつけ、肉が隠れる位の油に入れて揚げるとあり、今のとんかつと共通する調理法がみえる。また『最新和洋料理法　附家庭菓子の製法』（一九〇八年）所収の「カツレツ料理」では、カツレツとはフライの一種であり、天ぷらとほとんど同じものであると解説され、七輪《しちりん》を使った調理の様子が挿絵で描かれている（図6）。

しかし明治期の料理書には、牛肉や鶏肉に比して、豚肉のカツレツはほとんど確認できない。やは

西洋料理　（一六一）

へ方《かた》は牛《ぎゅう》の上肉《じょうにく》を二寸《すん》四方《はう》ほどに取《と》りて、庖丁《はうちゃう》の峯《みね》か丈夫《ぢゃうぶ》な[illegible]にてコツコツと打《た》きて扁平《ひらべった》く延《の》ばす、此《これ》に鹽《しほ》と胡椒《こせう》を等分《とうぶん》に混《ま》ぜたる物《もの》を、バラバラと兩面《りゃうめん》に振《ふ》りまきて、メリケン粉《こ》の中《なか》へ轉《ころ》がし、更《さら》に其《そ》の兩面《めん》に溶《と》きし玉子《たまご》を塗《ぬ》りつけてパン粉《こ》の中《なか》へ轉《ころ》がして、豚《ぶた》の製《せい》し脂肪《あぶら》をフライ鍋《なべ》へ入《い》れ、煮《に》沸《た》せて其《そ》の中《なか》に入《い》れ、カラカラに揚《あ》げ、新聞紙《しんぶんし》の上《うへ》に取《と》り油《あぶら》を切《き》らして用《もち》ゐるのである。

二九二、鷄肉《けいにく》のカツレツ

此《こ》れも牛肉《にく》と同様《どうやう》の仕方《しかた》にして、肉《み》を打《た》きて柔《やは》らかく延《の》ばして、メリケン粉《こ》に轉《まぶ》らかし、玉子《たまご》の溶《とき》し物《もの》を塗《ぬ》すつて、パン粉《こ》に轉《ころ》がしてバターにて揚《あ》げると味《あぢ》よろし、赤茄子《あかなす》三つ葉《ば》オランダ芹《ぜり》などの酢《す》の物《もの》をあしらふがよろし。

二九三、ウイルカツレツ

○カツツレ料理

図6　カツレツを作る図（『最新和洋料理法 附家庭菓子の製法』所収）

り豚肉の脂っぽさが不評だったのか、味噌煮込みや味噌和えのようなものがいくつか散見されるのみで、豚肉レシピの記述が軒並み増えるのは、やはり大正期以降といえる。また『新しい家庭向西洋料理』（一九一六年）に登場する「ボ《ママ》ーク、カツレツ」は、豚肉を二分《ぶ》（約六ミリ）ほどに切り、塩コショウをしたものをしばらくおいた後、小麦粉、玉子、パン粉をつけて揚げる仕様となっている。今のとんかつの手順と共通する家庭向けの調理法はこの頃から料理書の中に散見されるようになる。

　では街中のとんかつ事情はどうであったか？　その先駆けは、一八九五年（明治二八）、東京銀座の煉瓦亭《れんがてい》主人、木田元次郎《きだもとじろう》が考案した「ポークカツレツ」が端緒とされる。醤油風味の自家製ドミグラスソースで食べる「ポークカツレツ」には生キャベツが添えられ、すぐさま銀座の評判となった。さらに一九一八年（大正七）には、東京浅草《あさくさ》の河金《かわきん》が「かつカレー」を編み出し、一九二一年（大正一〇）

には、東京早稲田《わせだ》界隈で「かつ丼」が誕生している。

また厚みのある豚肉を揚げたとんかつの元祖は、東京新宿の王ろじ（一九〇五年創業）説、東京上野御《お》徒町《かちまち》のポンチ軒（一九二一年創業、現在のぽん多本家）説など、諸説ある。なおポンチ軒の島田信二郎（元宮内省大膳職《くないしょうだいぜんしき》）は、一九二九年（昭和四）、箸での食べやすさを考慮し、提供前に揚げた豚肉を包丁で切り、盛り付けるといった趣向をこらした。ここに、箸で食べる洋食屋のとんかつが誕生するのである。

また先述したように、明治・大正期には牛肉の代用食材として見直された豚肉を推奨する書籍も増加し、東京帝大教授で獣医学者の田中宏のように、豚肉料理の専門書の刊行にまでこぎつけた研究者も登場した。駒場《こまば》農学校《のうがっこう》にて獣医学を学んだ田中は、繁殖力と成長の速さから、滋養豊富で低価な豚肉の普及に、早い時期から目を付けていた。もともと薩摩藩士族出身という生い立ちもあり、食べなれた豚肉料理を研究し、小澤きん子という講師を女子高等師範女学校や女学校、地方婦人会などへ派遣し、そのノウハウをわかりやすく伝える割烹《かっぽう》教育にも尽力している。また「丸の内有楽町駅前報知ビルヂング」に「豚肉嗜好向上会」なるものを設立し、併設食堂「有楽」において「純田中式豚肉料理」を提供するなど、精力的にさまざまな世界への働きかけを継続した（田中宏『田中式豚肉料理』一九一九・二三年）。田中の豚肉料理は同時代の料理書の中に転載されることも多く、大正天皇の饗膳《きょうぜん》に供されることもあった。

5　肉食文化の地域性

関西の牛肉・関東の豚肉　鎌倉末期に成立した中世史料『国牛十図《こくぎゅうじゅうず》』（一三一〇年）の中に、関東はウマ文化、西国はウシ文化であり、関東以北にはウシがいないと記した箇所がある。なおこの東西の違いについては、東国武士団の騎馬文化奨励や、古くから大陸とのつながりが深かった西日本では比較的早く牛車《ぎゅうしゃ》や犂《り》耕《こう》文化を受け入れることができたとする歴史的背景などが理由として語られてきたが、こうしたイメージの定着が肉食文化の差異の要因にもなっている（図7）（瀧川　二〇〇四）。

実際現代の食肉消費量においても、牛肉の西日本、豚肉の東日本といった地域差は顕在である（図8）。特に西日本の牛肉は、神戸牛《こうべぎゅう》（神戸ビーフ）、松阪牛《まつさかうし》、近江牛《おうみぎゅう》など三大銘柄牛の知名度の高さからも、その食味の良さはお墨付きであろう。いっぽう東日本と豚肉文化の関係は、役畜《えきちく》としてのウマは食用とならなかったため、その代わりに繁殖力があり、飼養が容易であった豚肉が選ばれたことが現在のイメージを形作っているといえる。実際、明治期以降、関西に先駆けて関東では英米の種豚を基とした養豚事業が始まり、ハムなど加工肉の製造工場の建設に尽力したウィリアム・カーティスなどの活躍もみられた。

そもそもハム製造の嚆矢《こうし》は、鎖国《さこく》下の長崎のオランダ商館といわれているが、明治期以降、北海道

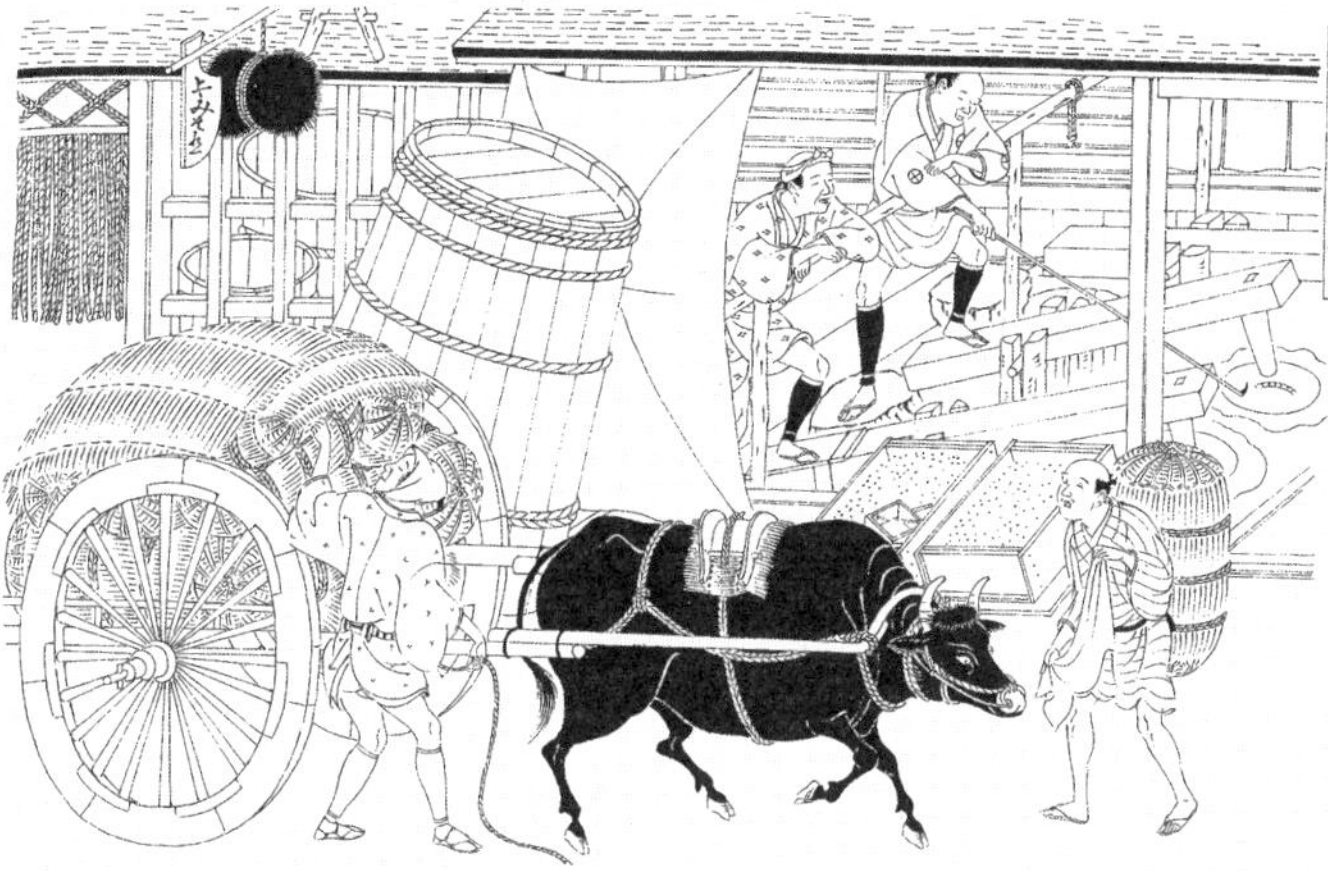

図 7　役畜としてのウシ(『江戸庶民風俗絵典』所収)

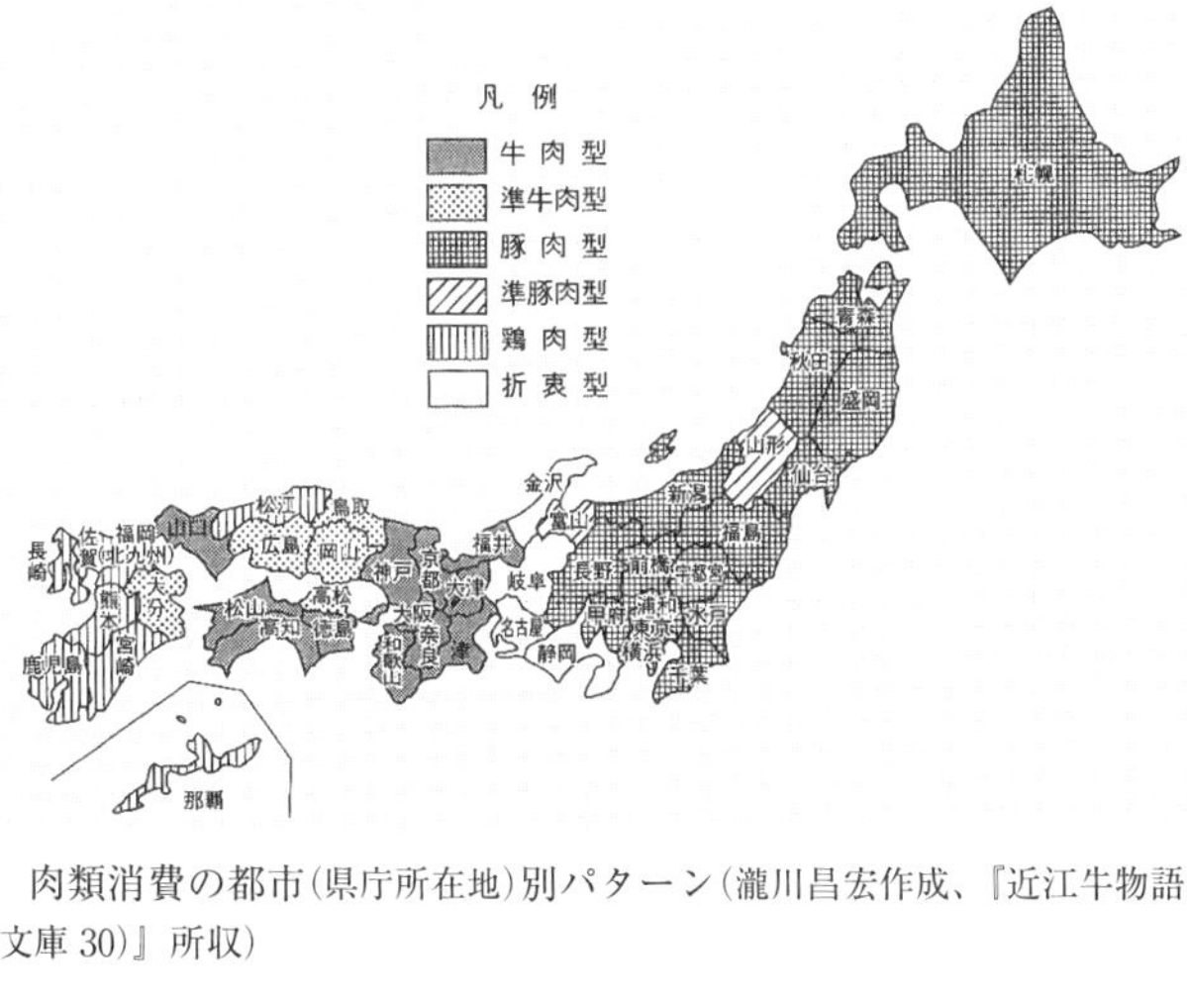

図 8　肉類消費の都市(県庁所在地)別パターン(瀧川昌宏作成、『近江牛物語(淡海文庫 30)』所収)

開拓使が設置した官営工場や横浜などの居留地で工場生産が本格化する。中でもカーティスの技術は、当地の日本人起業者たちに引き継がれ、国産食肉加工の発展に寄与した。なお一八八九年（明治二二）には、東海道本線の開通を機に、大船《おおふな》駅が日本初の駅弁「ハムサンド」を売り出し、人気を博す。ちなみに製造者の富岡周蔵《とみおかしゅうぞう》に助言したのは、北海道開拓使長官を務めた黒田清隆《くろだきよたか》であったとされ、後に鎌倉ハムという一大ブランドを成立させている。

今も関西で「肉」といえば、多くの人が「牛肉」と考える。いっぽう関東では、「肉」は「豚肉」を思い浮かべる傾向がある。同じ食べ物でも、「豚まん」「肉まん」、「牛丼」「肉丼」といった名称の違いが生じるのは、こうした文化的背景が起因しているのである。

沖縄・九州の肉食　さて古くから豚肉食の民俗が定着している地域に沖縄がある。なお琉球史《りゅうきゅうし》を紐解く中で、文献上にブタが確認できるのは、一五世紀に記された見聞記録『李朝実録琉球史料《りちょうじつろくりゅうきゅうしりょう》』と特定されている。しかし金城須美子の研究によると、一七世紀までの琉球では、ウシ、ウマ、ヤギといった草食動物をおもな食料としていたようで、冊封使《さくほうし》へ支給された獣肉もウシが主体であったという。実際ウシ、ヒツジ、ブタのスープや焼き肉が、国王の招宴に提供されたという記録もあるが、冊封使随行の料理人が調理したもので、琉球人はその調理法すら知らなかったとされる（金城　一九九七）。

しかし一八世紀に入ると、長期間滞在する大勢の冊封使の食糧調達に苦慮した王府が、各郡村に二ワトリとともにブタの飼育を命じるようになる。さらに国内で調達できなくなると、与論島《よろんとう》や永良部《えらぶ》、大島などの周辺の島よりウシを輸入する動きもみられたが、やがて養豚業の奨励が功を奏し、不足分をまかなうことができるようになったことで、牛肉よりも豚肉を重んじる食生活へと転換したというのである。また日常的な食材とはいえないにしろ、この頃には庶民間でハレの日に豚肉を食べる食習慣も定着したという。こうした経緯もあり、現在でも沖縄では法事を含む行事食では豚肉が提供され、ブタの耳、内臓、血液、足までもがあますところなく食用となる。

さて豚肉食と関わりの深い県に、鹿児島も挙げられよう。薩摩《さつま》における豚肉食の歴史もまた一六世紀に遡ることができる。ポルトガルから来日したジョルジェ＝アルバレス船長が記した『日本報告』によれば、すでに薩摩で、ブタ、ヒツジ、ニワトリが家畜として飼われていたことが記されている。薩摩へのブタの伝播にも、やはり琉球が関わっている。そのきっかけを、薩摩藩が奄美《あまみ》・琉球に出兵した「琉球征服」（一六〇九年）とする説がある。この動乱は薩摩の圧勝で終わり、凱旋《がいせん》の際、遠征中に出会ったブタを持ち帰ったのを機に、双方の交易路「豚の道」が形成されたと伝えられている。なお薩摩史の中でも、牛馬は役畜としてのイメージを持していた。しかし薩摩藩が狩猟を奨励したことも肉食定着の原因であったとされ、狩猟をベースに生活を営んでいた隼人《はやと》以来、中央から遠く位置する薩摩では肉食の伝統が生き続けることができたと考えられている（宮路　一九九九）。

なお九州地方は、鶏肉の消費量が多いことでも有名である。『家計調査（二人以上の世帯）二〇一四

〜一六年度版』にみる鶏肉消費量をうかがっても、福岡を筆頭に九州のいずれの県もランキング上位に食い込み、全国平均を上回っている。なお日本におけるニワトリの歴史は古く、紀元前三〇〇年頃に入ってきたと考えられている（野本　二〇一一）。古くより神の使いとして神聖視されていたニワトリだが、天武の肉食禁止令の禁忌対象となっている様子からも、すでに食用対象となっていたことが類推される。

九州地方における鶏肉文化の定着要因には、当地を拠点に展開した南蛮《なんばん》貿易の影響に求める考え方がある。南蛮貿易を通じてもたらされた家禽《かきん》・闘鶏《とうけい》用の東南アジア産暹羅鶏《シャムロケイ》（現在のシャモ）、オランダ経由の西洋外来種などの定着が、九州の鶏肉文化の伝播・発展に寄与したというのである（竹川二〇一四）。実際、九州地方の名物料理には、唐辛子《とうがらし》、ネギなどの香辛料や薬味で南蛮風に味を調えるものも多く、南蛮人との交流の中で知り得た異文化の影響は今も色濃く残っている。

また福岡藩では、江戸期にすでに名物「筑前卵」が上方《かみがた》に献上されており、こうした背景のもと、福岡県では卵を産まなくなった親鶏をしめて作る料理（水炊《みずた》き・かしわ飯・がめ煮）が誕生したという。九州地方に鶏肉の名物料理が多いのは、こうした歴史的所以《ゆえん》なのである。

参考文献
石井研堂　一九九七年『明治事物起原　八』ちくま学芸文庫

内田百閒　一九七九年『御馳走帖』中公文庫
エセル、ハワード著、島津久大訳　一九九九年『明治日本見聞録　英国家庭教師婦人の回想』講談社学術文庫
岡田　哲　二〇一二年『明治洋食事始め―とんかつの誕生―』講談社学術文庫
金城須美子　一九九七年「沖縄の肉食文化に関する一考察―その変遷と背景―」『全集日本の食文化第八巻　異文化との接触と受容』雄山閣出版
宮内庁　一九六九年『明治天皇紀　第三』吉川弘文館
杉本鉞子著、大岩美代訳　一九九四年『武士の娘』ちくま文庫
瀧川昌宏　二〇〇四年『近江牛物語（淡海文庫三〇）』サンライズ出版
竹川克幸　二〇一四年「筑紫野市の郷土料理と食文化―鶏料理・鶏食文化を中心に―」『筑紫野市に伝わる郷土料理調査報告書』福岡県はかた地どり推進協議会
東京都公文書館　二〇〇三年「所蔵資料紹介　公文書館の書庫から『府治類纂』」『東京都公文書館だより』第三号、東京都公文書館
富田仁・内海あぐり　一九八八年『グルメは文化である―船来飲食物の軌跡―』白馬出版
中野万亀子著、中野卓編　一九八一年『明治四十三年京都―ある商家の若妻の日記―』新曜社
野本寛一編　二〇一一年『食の民俗事典』柊風舎
原田信男　二〇〇五年『和食と日本文化―日本料理の社会史―』小学館
宮路直人（取材・執筆）一九九九年『かごしま黒豚物語』南日本新聞社

執筆者紹介（生年／現職）―掲載順

橋村　修（はしむら　おさむ）　一九七二年／東京学芸大学教育学部准教授
堀越昌子（ほりこし　まさこ）　一九四六年／京都華頂大学現代家政学部教授
中園成生（なかぞの　しげお）　一九六三年／平戸市生月町博物館・島の館学芸員
日比野光敏（ひびの　てるとし）　一九六〇年／元京都府立大学京都和食文化研究センター特任教授
藤井弘章（ふじい　ひろあき）　↓別掲
野中健一（のなか　けんいち）　一九六四年／立教大学文学部教授
東四柳祥子（ひがしよつやなぎ　しょうこ）　一九七七年／梅花女子大学食文化学部准教授

索　　引

あ　行

か 行

さ 行

た　行

な　行

は　行

ま　行

や 行

ら 行

わ 行

編者略歴

一九六九年　和歌山県に生まれる
二〇〇二年　京都大学人間・環境学研究科博士後期課程満期退学
現在、近畿大学文芸学部教授、博士（人間・環境学）

〔主要論文〕
「紀伊半島南部におけるウミガメ漁とその食習俗」（『日本民俗学』二一五、一九九八年）
「山岳霊場のハナ」（『宗教民俗研究』一一、二〇〇一年）
「カワウとつきあう民俗技術」（『村落社会研究』四六、二〇一〇年）
「日本列島のウミガメ供養習俗」（『動物考古学』三一、二〇一四年）
「高野山納骨習俗の地域差」（『民俗文化』二九、二〇一七年）

日本の食文化

日本の食文化4
魚と肉

二〇一九年（平成三十一）二月十日　第一刷発行

編者　藤《ふじ》井《い》弘《ひろ》章《あき》
発行者　吉川道郎
発行所　株式会社 吉川弘文館
郵便番号一一三—〇〇三三
東京都文京区本郷七丁目二番八号
電話〇三—三八一三—九一五一〈代表〉
振替口座〇〇一〇〇—五—二四四
http://www.yoshikawa-k.co.jp/
印刷＝株式会社　三秀舎
製本＝誠製本株式会社
装幀＝黒瀬章夫

ISBN978-4-642-06839-0

日本の食文化

1 食事と作法 *

小川直之編

食事には作法と決まり事がある。人と人をつなぐ共食や贈答、神仏への供え物、調理の技法と担い手、食具の扱いなど、儀礼と日常の食の社会的な意味を読み解く。ファーストフードや「和食」の国際的な動向にも着目する。

2 米と餅

関沢まゆみ編

米には霊力が宿るとされ、神祭りや人生儀礼で餅や団子、すし、赤飯にも加工し食される。日常では、野菜類と混炊したかて飯、携行食の握り飯など調理の工夫がある。さまざまな米の食と米の力を追究する。

3 麦・雑穀と芋

小川直之編

麦・粟・稗などの雑穀と芋類、豆類は日々の食を支え、救荒食ともなった。地方色豊かな雑穀と芋の食べ方、麺類やオヤキなどの粉食から、多様な主食・常食のあり方を示す。大豆の加工品である納豆と豆腐も取り上げる。

日本の食文化

4 魚と肉 ＊ 藤井弘章編

列島に広く浸透した日本の豊かな魚食文化を、海の魚と淡水魚、すしの変化、クジラ・イルカ食などから考察。一方で長く忌避され地域限定的だった肉食文化を、明治以降の急速な拡大も含め概観する。近年話題の昆虫食にも注目。

5 酒と調味料、保存食 石垣 悟編

発酵を利用した酒、酢・味噌・醤油、塩蔵や発酵による漬物、ダシの素材となる昆布などの乾物。これら食料保存の技術は独特の味をも生み出した。基本調味料の塩と砂糖、嗜好品の茶も加え、日本の味の文化的背景を探る。

6 菓子と果物 関沢まゆみ編

砂糖が普及する以前、甘い食物は貴重だった。古代から食されてきた栗・柿・みかん、年中行事と関わる饅頭・汁粉・柏餅、庶民に親しまれた飴、贈答品の和菓子、文明開化後の洋菓子など、人を惹きつける甘味の文化を描く。

各2700円（税別） ＊は既刊

吉川弘文館

（ご注意）

・この用紙は、機械で処理しますので、金額を記入する際は、枠内にはっきりと記入してください。また、本票を汚したり、折り曲げたりしないでください。

・この用紙は、ゆうちょ銀行又は郵便局の払込機能付きＡＴＭでもご利用いただけます。

・この払込書を、ゆうちょ銀行又は郵便局の渉外員にお預けになるときは、引換えに預り証を必ずお受け取りください。

・ご依頼人様からご提出いただきました払込書に記載されたおところ、おなまえ等は、加入者様に通知されます。

・この受領証は、払込みの証拠となるものですから大切に保管してください。

収入印紙
課税相当額以上
貼　付

印

この用紙で「本郷」年間購読のお申し込みができます。

◆この申込票に必要事項をご記入の上、記載金額を添えて郵便局でお払込み下さい。

◆「本郷」のご送金は、４年分までとさせて頂きます。
※お客様のご都合で解約される場合は、ご返金いたしかねます。ご了承下さい。

この用紙で書籍のご注文ができます。

◆この申込票の通信欄にご注文の書籍をご記入の上、書籍代金（本体価格＋消費税）に荷造送料を加えた金額をお払込み下さい。

◆荷造送料は、ご注文１回の配送につき420円です。

◆入金確認まで約７日かかります。ご諒承下さい。

振替払込料は弊社が負担いたしますから無料です。

※領収証は改めてお送りいたしませんので、予めご諒承下さい。

お問い合わせ　〒113-0033・東京都文京区本郷７―２―８
吉川弘文館　営業部
電話03-3813-9151　FAX03-3812-3544

この場所には、何も記載しないでください。

払込取扱票

02 東京

通常払込料金加入者負担

口座記号番号	金額
00100-5-244	千 百 十 万 千 百 十 円 ※

加入者名	料金	備考
株式会社 吉川弘文館		

ご依頼人・通信欄

各票の※印欄は、ご依頼人において記載してください。

フリガナ
※お名前
郵便番号　電話
※ご住所
※

◆「本郷」購読を希望します

購読開始　　号 より

1年 1000円 (6冊)　3年 2800円 (18冊)
2年 2000円 (12冊)　4年 3600円 (24冊)
(ご希望の購読期間に○印をお付け下さい)

日附印

裏面の注意事項をお読みください。(ゆうちょ銀行)(承認番号東第53889号)

これより下部には何も記入しないでください。

切り取らないでお出しください。

記載事項を訂正した場合は、その箇所に訂正印を押してください。

振替払込請求書兼受領証

口座記号番号	00100-5-244	通常払込料金加入者負担
加入者名	株式会社 吉川弘文館	
金額	千 百 十 万 千 百 十 円 ※	
ご依頼人	おなまえ ※　　様	
料金		日附印
備考		

この受領証は、大切に保管してください。

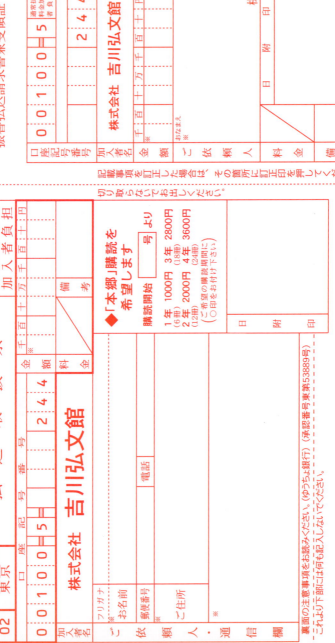

吉川弘文館

新刊ご案内　2018年10月

〒113-0033・東京都文京区本郷7丁目2番8号　振替 00100-5-244（表示価格は税別です）
電話 03-3813-9151（代表）　ＦＡＸ 03-3812-3544　http://www.yoshikawa-k.co.jp/

飛鳥・藤原の宮都を語る

「日本国」誕生の軌跡

相原嘉之著

Ａ５判・二一〇頁／一九〇〇円

飛鳥・藤原の地は、六世紀末から八世紀初めにかけてわが国の中心として栄えた。推古朝の豊浦宮などの発掘、高松塚古墳壁画の救出、新発見を語るコラムなどを掲載。長年にわたる発掘成果から「日本国」誕生の過程を探る。

源氏長者

武家政権の系譜

岡野友彦著

四六判・二二〇頁／二四〇〇円

武家政権の正当性には、「征夷大将軍」だけではなく「源氏長者」という地位が必要だった。源氏の誕生から、公家源氏と武家源氏の系譜、「源氏願望」の正体などを描き、源氏長者であることがいかに重要なのかを解き明かす。

歴史手帳 2019年版

日記と歴史百科が一冊で便利！

吉川弘文館編集部編　九五〇円

毎年歴史家をはじめ、教師・ジャーナリスト・作家・学生・歴史愛好者など、多数の方々にご愛用いただいております。Ａ６判・三二〇頁

東京の歴史 4
地帯編1
千代田区・港区・新宿区・文京区

東京の歴史 5
地帯編2
中央区・台東区・墨田区・江東区

●既刊

1 先史時代～戦国時代

多様な地形をもち、豊かな自然に彩られる東京。武蔵国府の設置、武士団の成長、小田原北条氏の支配。その下で営まれる人びとの暮らしや社会の動きに視点を置き、「東京の歴史」の舞台と、先史から戦国時代の歩みを描きます。（通史編1）

2 江戸時代

家康の入府以来、急速に巨大城下町へと変貌する江戸。幕藩権力や物流、そして人びとの生活を支えるインフラや都市行政。災害や病、歌舞伎・浮世絵など民衆文化を見ながら、巨大城下町における人びとの営みを描きます。（通史編2）

3 明治時代～現代

明治維新により江戸は「東京」と名前を変え、首都となりました。いかに東京は形成され、そこで人びとは暮らしたのでしょうか。都市化の進展、震災と戦災、戦後復興から今日の国際化まで、激動の近現代史に迫ります。（通史編3）

●続刊

6 品川区・大田区・目黒区・世田谷区（地帯編3）

7 渋谷区・杉並区・練馬区・中野区・板橋区・豊島区・北区（地帯編4）

8 足立区・葛飾区・荒川区・江戸川区（地帯編5）

9 多摩Ⅰ（地帯編6）

10 多摩Ⅱ・島嶼（地帯編7）

厳選した200のテーマから、個性溢れる東京の歴史を多面的に描く！

「通史編」通巻1～3　東京都の範囲を対象に、歴史時代を原始・古代、中世、近世、近現代に区分し、取り上げるテーマにそう史料を窓口に時代の流れで描きます。

「地帯編」通巻4～10　二三の特別区、三九の市町村からなる自治体を枠に、通巻4～8で区部を、通巻9～10で多摩地区や島嶼の市町村を取り上げ、それぞれ固有の歴史を描きます。

「み　る」古文書や記録、絵図・地図・写真を基本史料として一点取り上げ、わかりやすく解説します。

「よ　む」「みる」の基本史料をていねいに読み解き、関連する史料や事項にも触れながら歴史の事実に迫ります。

「あるく」「みる」「よむ」で得られた知識をもとに、関係する史跡や現状を辿る案内や、さらに深い歴史にむかって〝あるく〟道筋を記します。

史実に基づく正確な伝記シリーズ

人物叢書

日本歴史学会編集　四六判

松井友閑

竹本千鶴著

（通巻291）

織田信長の法体の側近。堺代官をつとめ、将軍や大名家、寺社との交渉役としても活躍。文化の才にも秀で、「大名茶湯」を開花させ、晩年は文化人として過ごす。信長の信任篤く、内政・外交に奔走した生涯をたどる初の伝記。

三二〇頁／二三〇〇円

前田利長

見瀬和雄著

（通巻292）

加賀前田家の二代当主。豊臣秀吉の死後、秀頼を補佐したが、家康暗殺計画の主謀者と讒言され徳川に下る。関ヶ原の戦い後は、加賀・越中・能登の統治に辣腕をふるった。幕藩制最大の大名として前田家の礎を築いた生涯。

三二〇頁／二三〇〇円

【関連図書】

織田信長　池上裕子著　二三〇〇円

千利休　芳賀幸四郎著　二一〇〇円

前田利家　岩沢愿彦著　二一〇〇円

前田綱紀　若林喜三郎著　一七五〇円

増補 吾妻鏡の方法
事実と神話にみる中世〈新装版〉

五味文彦著

東国に生まれた初の武士政権誕生と再生の歴史。鎌倉政権像が鮮やかに再現され、その時代がよみがえる。『吾妻鏡』編纂方法やその特徴、武家地鎌倉の形成を解き明かす論考二本を新たに収録。名著がさらに充実した決定版。

四六判・四〇〇頁・口絵二頁／二四〇〇円

東北の幕末維新
米沢藩士の情報・交流・思想

友田昌宏著

激動の幕末、奥羽列藩同盟を主導した米沢藩にあって情報の重要性を訴えた甘糟継成《あまかすつぐしげ》と、探索周旋活動に努めた宮島誠一郎、雲井龍雄《くもいたつお》。動乱の中で紡いだ思想と維新後の異なる歩みを追い、敗者の視点から幕末維新を描く。

四六判・二七〇頁／二八〇〇円

植民地遊廓
日本の軍隊と朝鮮半島

金富子
金栄著

近代日本による朝鮮侵略のなか、移植された日本式の公娼制は、植民地社会にいかなる影響を与えたのか。遊廓が浸透した過程を、南北地域に分けて考察。史資料にない娼妓の姿を、オーラルヒストリーなどから掘り起こす。

A5判・二五六頁／三八〇〇円

〈東京オリンピック〉の誕生
一九四〇年から二〇二〇年へ

浜田幸絵著

一九四〇年開催予定であった幻の東京オリンピックから、一九六四年をへて二〇二〇年へ。戦時に返上した挫折から、戦後の開催へ招致活動した在米日系人やIOCの動向など、その連続性に着目しメディア史から描く決定版。

A5判・二九八頁／三八〇〇円

読みなおす日本史

毎月1冊ずつ刊行中　四六判

はんこと日本人

門田誠一著

一五〇頁／二二〇〇円（補論＝門田誠一）

城と城下 近江戦国誌

小島道裕著

二七八頁／二四〇〇円（補論＝小島道裕）

お家相続 大名家の苦闘

大森映子著

二二〇頁／二二〇〇円（補論＝大森映子）

宅配便の受け取り、回覧板、役所の申請書類から売買契約まで、毎日の生活にはんこは欠かせない。日本人はなぜ、いつごろからはんこを押し続けてきたのか。その歴史を辿り、はんこをめぐる日本独特の文化・社会を探る。

滅び去った城館趾に人は魅せられる。環濠集落や土塁囲みの館城から、戦国大名の城下町や信長の安土まで。近江に残るさまざまな城館遺構を訪ね、地形・史料・伝承をもとに、人々の営みと失われた戦国社会の姿に迫る。

江戸時代、大名家は世襲で受け継がれるが、後継者がいないとその家は取りつぶされる。突然の事態に関係者はどのように対処したのか。幕府の公的な記録に表れない不自然な事例から、存続をかけた大名家の苦労を探る。

歴史文化ライブラリー

●18年8月～10月発売の5冊

四六判・平均二二〇頁　全冊書下ろし

人類誕生から現代まで／忘れられた歴史の発掘／常識への挑戦／学問の成果を誰にもわかりやすく／ハンディな造本と読みやすい活字／個性あふれる装幀

473 書物と権力 中世文化の政治学

前田雅之著

印刷技術が未発達な中世において、人は書物をどう入手していたのか。連歌師の流通への関与、伏見宮家から足利将軍への『風雅集』贈与など、書物の伝播・普及と権力との結びつきを解明。古典的書物を持つことの意味に迫る。

二二四頁／一七〇〇円

474 室町将軍の御台所 日野康子・重子・富子

田端泰子著

室町将軍歴代の妻となった公家の日野家出身の女性たちは、飢饉や土一揆の頻発した難しい時代をどのように生きたのか。足利義満・義教・義政の妻を取り上げ、その政治的な役割と人生を時代情勢の推移とともに描き出す。

二三八頁／一七〇〇円

475 戦国の城の一生 つくる・壊す・蘇る

竹井英文著

戦国期の城は、いつ誰の手で築かれ、いかに使われて廃城となったのか。築城技術やメンテナンス、廃城後の「古城」の再利用《リサイクル》など、史料を博捜し読み解く。「城の使われ方」から戦争や城郭の実態を考えるヒントを与える。

二二四頁／一七〇〇円

476
考証東京裁判
戦争と戦後を読み解く

宇田川幸大著

「東京裁判」は日本をいかに裁いたのか。帝国主義・植民地主義・レイシズム（人種差別）の発想と、今日の歴史認識問題にもつながる戦争観を重視し、膨大な史料を用いて裁判を再検証。不可視化された戦争被害の諸相に迫る。

二四〇頁／一七〇〇円

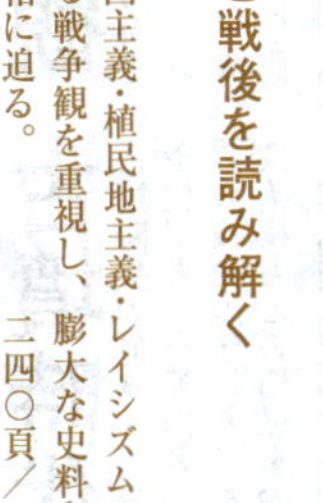

477
中世武士 畠山重忠
秩父平氏の嫡流

清水　亮著

武蔵国男衾《おぶすま》郡畠山を本拠とした畠山《はたけやま》重忠。「分け隔てない廉直な人物」と伝わるイメージの背景には、いかなるスタンスが秘められているのか。在地領主としての畠山氏のあり方に迫り、重忠という武士の生き方を描く。

二五六頁／一八〇〇円

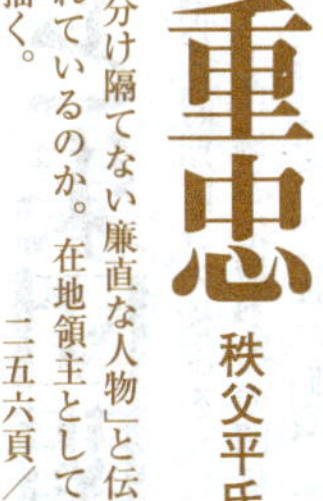

【好評既刊】

469 **踏絵を踏んだキリシタン**　安高啓明著　二八八頁／一八〇〇円

470 **江戸無血開城** 本当の功労者は誰か？　岩下哲典著　二〇八頁／一七〇〇円

471 **細川忠利** ポスト戦国世代の国づくり　稲葉継陽著　二五六頁／一八〇〇円

472 **刀の明治維新** 「帯刀」は武士の特権か？　尾脇秀和著　二八八頁／一八〇〇円

歴史文化ライブラリー オンデマンド版 販売のお知らせ

一九九六年に創刊し、現在通巻四七〇を超えた歴史文化ライブラリーの中から、永らく品切れとなっている書目をオンデマンド版にて復刊いたしました。今年新たに追加したタイトルなど、詳しくは『出版図書目録』または小社ホームページをご覧下さい。

オンデマンド版とは？

書籍の内容をデジタルデータで保存し、ご注文を戴いた時点で製作するシステムです。ご注文をお受けするたびに、一冊ずつ製作いたしますので、お届けできるまで二週間程度かかります。なお、受注製作となりますのでキャンセル・返品はお受けできません。あらかじめご了承下さい。

摂関政治最盛期の「賢人右府」藤原実資《さねすけ》が綴った日記。宮廷社会が鮮やかに甦る！

現代語訳 小右記

全16巻 刊行中

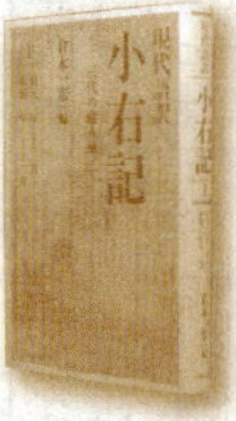

【既刊6冊】

❶三代の蔵人頭《くろうどのとう》
❷道長政権の成立
❸長徳の変
❹敦成《あつひら》親王誕生
❺紫式部との交流
❻三条天皇の信任

❶〜❺各二八〇〇円 ❻＝三〇〇〇円

倉本一宏編

四六判・平均二八〇頁／『内容案内』送呈

＊半年ごとに一冊ずつ、巻数順に配本中

❼後一条天皇即位

長和四年（一〇一五）四月〜長和五年（一〇一六）二月

【第7回配本】三八四頁 三〇〇〇円

敦明親王を東宮に立てることを条件に、三条天皇がついに譲位し、道長外孫の後一条天皇が即位する。外祖父摂政の座に就いた道長に対する実資の眼差しや如何に。国母となった彰子の政治力についても詳細に記録する。

和田晴吾著

古墳時代の王権と集団関係

全国各地の古墳はどのように築造されていたのか。編年・時期区分の検証を元に、前方後円墳を頂点とする古墳の秩序の形成と変化を追究。ヤマト王権と地域勢力の関係を論じ、古墳時代の国家と社会の実態に迫る。

A5判・四〇四頁／三八〇〇円

古墳時代の葬制と他界観

古墳はなぜ造られたのか。古墳の築造を、精神的・宗教的行為として再検討する。古墳の築造自体を葬送儀礼の一環と捉え、それに伴う他界観を解明。中国、朝鮮半島の事例とも比較しつつ、東アジア世界のなかで捉え直す。A5判・三〇二頁／三八〇〇円

古墳時代の生産と流通

古墳時代の漁具・石造物・金属器などの遺物について、その素材や使用方法を製作者・使用者の視点から検討。大陸・朝鮮半島からの技術の伝播と日本での展開を追究し、生産・流通システムと政治権力との関係を論じる。

A5判・三二八頁／三八〇〇円

角田文衞の古代学 ❶ 後宮と女性

公益財団法人古代学協会編

A5判・四〇〇頁
（第2回）五〇〇〇円

政略と愛憎に彩られた王朝政治、千年の古典となりゆく貴族文化―後宮はすべての淵藪であり、個性的な女性たちがその活動を担った。角田文衞の独壇場と言うべき後宮史・人物史をテーマに、遺された珠玉の論考を集成。

中世王権の形成と摂関家

樋口健太郎著

A5判・三〇〇頁／九五〇〇円

中世において天皇・王家は本当に摂関家から自立していたのか。天皇の後見・補佐という摂関の職掌に着目し、中世王権論・王家研究を再検討。王権全体の枠組みを通して、摂関家の中世後期に至る展開を論じ新見解を示す。

戦国期細川権力の研究

馬部隆弘著

A5判・八〇八頁／二〇〇〇〇円

細川京兆家の分裂・抗争は、結果としてその配下たちの成長をもたらす。柳本賢治、木沢長政、そして三好長慶が、なぜ次から次に台頭したのか。発給文書を徹底的に編年化し、細川から三好への権力の質的変容を論じる。

戦国大名大友氏の館と権力

鹿毛敏夫・坪根伸也編

A5判・三四四頁／九〇〇〇円

大分市で大友氏の館跡が発見されてから二〇年。発掘調査の軌跡と権力構造解明に関する学際的研究の成果と現在までの到達点を、大名居館論、権力論、領国論の三つの論点でまとめた論文集。繁栄を極めたその実像に迫る。

中近世山村の生業と社会

白水　智著

A5判・三〇〇頁／九五〇〇円

近代以前、山村の人々はなぜ山を下りず住み続けたのか。信濃国秋山と甲斐国早川入を中心に、生活文化体系の視座に立って山村の生業や特質、外部社会との交流などを解明。従来の山村＝「後れた農村」観に一石を投じる。

幕末対外関係と長崎

吉岡誠也著

A5判・三八〇頁／一一〇〇〇円

江戸幕府直轄の貿易都市長崎は、開国を契機にいかに変容したのか。対外関係業務の変質、長崎奉行の組織改革、港内警衛体制再編など、「現場」レヴェルの視角で追究。開港場の近世的統治の限界と近代への転換を考察する。

前近代日本の交通と社会（日本交通史への道1）

丸山雍成著

A5判・六〇六頁／一四〇〇〇円

近世交通史の研究を牽引した著者による、前近代を中心に隣接分野にも及ぶ交通史の研究成果を集成。古代～近世の交通史の諸問題のほか、いわゆる「慶安御触書」、古九谷、九州の織豊城郭、豪商など、多彩な論考を収める。

明治期の立憲政治と政党 自由党系の国家構想と党史編纂

中元崇智著

A5判・三〇八頁／一〇〇〇〇円

藩閥政府と政党の提携に尽力した自由党系土佐派に着目。非議員の板垣退助を党首に据え、いかに国家構想や経済政策を提起し、またどのような歴史観で党史を編纂したのか。模索期の立憲政治を政党の視点から考察する。

刀剣と格付け 徳川将軍家と名工たち

深井雅海著　A5判・二一六頁／一八〇〇円

武家社会における贈答品として中世以来重用されてきた刀剣。八代将軍吉宗は、古刀重視の風潮を改め新刀を奨励し、贈答の簡素化を目指す。刀剣の鑑定、「享保名物帳」の成立、刀工と格付けなど、奥深い刀剣の世界へ誘う。

皇后四代の歴史 昭憲皇太后から美智子皇后まで

森　暢平・河西秀哉編　A5判・二三六頁／二二〇〇円

明治から平成まで、天皇を支え「世継ぎ」を産み、さまざまな活動をした四人の皇后。その役割や社会の中でのイメージは、時代とともに大きく変容してきた。公（表）と私（奥）をテーマに、エピソードを交えて歩みを描く。

建物が語る日本の歴史

海野　聡著　A5判・三〇四頁・原色口絵三二頁／二四〇〇円

建築物は歴史を語る証人である。国家の威信をかけて建てられた寺院や城郭、人びとが生活した住居など、原始から近代まで各時代の建物で読み解く日本の歴史。社会と建物の関わりに光を当てた、新しい日本建築史入門。

人をあるく 北条氏五代と小田原城

山口　博著　A5判・一七六頁／二〇〇〇円

関東の戦国覇者、北条氏。初代宗瑞の登場から五代氏直の秀吉との東西決戦まで、民政で独自の手腕を見せ、一族が結束して支配を広げた屈指の戦国大名の実像に迫る。本拠地小田原城を巡り、北条時代の小田原宿も訪ねる。

絵図と徳川社会 岡山藩池田家文庫絵図をよむ

倉地克直著　A5判・三三六頁・原色口絵八頁／四五〇〇円

絵画的に表現されることもあった近世の絵図。岡山藩池田家にのこされた大型の手書き絵図に光を当て、何がいかに描かれたのかを検討する。題材選択と個性的な描写のはざまに、江戸時代の絵図利用のあり方をさぐる。

幕末維新のリアル 変革の時代を読み解く7章

上田純子・公益財団法人僧月性顕彰会編　A5判・二九六頁／二二〇〇円

欧米列強の動き、対外戦略と国内政争、世界観の相克や思想の対立、海防僧・漢詩人の月性が体現した知識人交友圏の成立と政治参加—。幕末維新の諸相を、第一線の研究者七名が読み解き、歴史のリアルをよみがえらせる。

アジア・太平洋戦争と石油 戦備・戦略・対外政策

岩間　敏著　A5判・二〇〇頁／三〇〇〇円

日本の資源を総動員したアジア・太平洋戦争。国外との輸入交渉、真珠湾攻撃での洋上給油作戦、石油の需給予測や海上輸送作戦など、総力戦の実態と末路を、艦船・航空機などの戦備も含めた豊富なデータをもとに解明。

現代日本の葬送と墓制 イエ亡き時代の死者のゆくえ

鈴木岩弓・森　謙二編　A5判・二四〇頁／三八〇〇円

家族制度がゆらぎ、無縁化する墓…。葬儀・埋葬・造墓などは遺された者の役割だが、社会変動の波を受けて大きく変貌している。葬送をめぐる個と群の相克や価値観の変化を辿り、二十一世紀の死者のゆくえを展望。

国史大辞典 全15巻（17冊）

国史大辞典編集委員会編
四六倍判・平均一一五〇頁
本文編（第1巻〜第14巻）＝各一八〇〇〇円
索引編（第15巻上中下）＝各一五〇〇〇円
全17冊揃価 二九七〇〇〇円

明治時代史大辞典 全4巻

宮地正人・佐藤能丸・櫻井良樹編
四六倍判・平均一〇一〇頁
第1巻〜第3巻＝各二八〇〇〇円
第4巻（補遺・付録・索引）＝二〇〇〇〇円
全4巻揃価 一〇四〇〇〇円

アジア・太平洋戦争辞典

吉田 裕・森 武麿・伊香俊哉・高岡裕之編
四六倍判 八五八頁 二七〇〇〇円

日本歴史災害事典

北原糸子・松浦律子・木村玲欧編
菊判・八九二頁 一五〇〇〇円

歴史考古学大辞典

小野正敏・佐藤 信・舘野和己・田辺征夫編
四六倍判 一三九二頁 三二〇〇〇円

歴代天皇・年号事典

米田雄介編
四六判・四四八頁／一九〇〇円

源平合戦事典

福田豊彦・関 幸彦編
菊判・三六二頁／七〇〇〇円

戦国人名辞典〈僅少〉

戦国人名辞典編集委員会編
菊判・一一八四頁／一八〇〇〇円

戦国武将・合戦事典

峰岸純夫・片桐昭彦編
菊判・一〇二八頁／八〇〇〇円

織田信長家臣人名辞典 第2版

谷口克広著
菊判・五六六頁／七五〇〇円

日本古代中世人名辞典

平野邦雄・瀬野精一郎編
四六倍判・一二二二頁／二〇〇〇〇円

日本近世人名辞典

竹内 誠・深井雅海編
四六倍判・一三二八頁／二〇〇〇〇円

日本近現代人名辞典

臼井勝美・高村直助・鳥海 靖・由井正臣編
四六倍判 一三九二頁 二〇〇〇〇円

歴代内閣・首相事典
鳥海　靖編
菊判・八三二頁／九五〇〇円

〈華族爵位〉請願人名辞典
松田敬之著
菊判・九二八頁／一五〇〇〇円

日本女性史大辞典
金子幸子・黒田弘子・菅野則子・義江明子編
四六倍判 九六八頁 二八〇〇〇円

日本仏教史辞典
今泉淑夫編
四六倍判・一三〇六頁／二〇〇〇〇円

神道史大辞典
薗田　稔・橋本政宣編
四六倍判・一四〇八頁／二八〇〇〇円

日本民俗大辞典 上・下（全2冊）
福田アジオ・神田より子・新谷尚紀・中込睦子・湯川洋司・渡邊欣雄編
四六倍判
上＝一〇八八頁・下＝一一九八頁／揃価四〇〇〇〇円（各二〇〇〇〇円）

精選 日本民俗辞典
菊判・七〇四頁 六〇〇〇円

沖縄民俗辞典
渡邊欣雄・岡野宣勝・佐藤壮広・塩月亮子・宮下克也編
菊判・六七二頁 八〇〇〇円

有識故実大辞典
鈴木敬三編
四六倍判・九一六頁／一八〇〇〇円

年中行事大辞典
加藤友康・高埜利彦・長沢利明・山田邦明編
四六倍判・八七二頁 二八〇〇〇円

日本生活史辞典
木村茂光・安田常雄・白川部達夫・宮瀧交二編
四六倍判・八六二頁 二七〇〇〇円

徳川歴代将軍事典
菊判・八八二頁／一三〇〇〇円

大石　学編

江戸幕府大事典
菊判・一一六八頁／一八〇〇〇円

近世藩制・藩校大事典
菊判・一一六八頁／一〇〇〇〇円

●近刊

※書名は仮題のものもあります。

ここが変わる！日本の古代 考古学が解き明かす列島文化
藤尾慎一郎・松木武彦編
A5判／価格は未定

日本古代の官司と政務
佐々木恵介著
A5判／九五〇〇円

古代の祭祀構造と伊勢神宮
塩川哲朗著
A5判／一二〇〇〇円

列島の古代（日本古代の歴史❻／全6巻完結）
佐藤　信著
四六判／二八〇〇円

中世初期の〈謀叛〉と平治の乱
古澤直人著
A5判／価格は未定

平氏が語る源平争乱（歴史文化ライブラリー479）
永井　晋著
四六判／価格は未定

海底に眠る蒙古襲来 水中考古学の挑戦（歴史文化ライブラリー478）
池田榮史著
四六判／一八〇〇円

聖徳太子と中世 未来を語る偽書
小峯和明著
A5判／価格は未定

戦国時代の終焉 「北条の夢」と秀吉の天下統一（読みなおす日本史）
齋藤慎一著
四六判／価格は未定

近世関東の土豪と地域社会
鈴木直樹著
A5判／価格は未定

江戸城御庭番 徳川将軍の耳と目（読みなおす日本史）
深井雅海著
四六判／二二〇〇円

近代日本の思想をさぐる 研究のための15の視角
中野目　徹編
A5判／二四〇〇円

近代日本の消費と生活世界
中西　聡・二谷智子著
A5判／一一〇〇〇円

わくわく！探検 れきはく日本の歴史❹近代・現代
国立歴史民俗博物館編
B5判／一〇〇〇円

描かれた能楽 もう一つの享受史
小林健二著
A5判／価格は未定

民俗伝承学の視点と方法 新しい歴史学への招待
新谷尚紀編
A5判／九五〇〇円

日本人は、何を、何のために、どのように食べてきたか？

食材、調理法、食事の作法や歳事・儀礼など多彩な視点から、これまでの、そしてこれからの日本の〃食〃を考える。

日本の食文化 全6巻

小川直之・関沢まゆみ・藤井弘章・石垣 悟編

18年12月刊行開始！

「食」は生命と健康の維持に必要であり、人と人、人と神を結ぶ意味をもつ。日本のこうした食文化に光を当て、日常食の知恵や儀礼食の観念などを解説。食の歴史と現代の動向を示し、地域ごとの特色にも目を向ける。

四六判 平均二五〇頁予定
予価各二七〇〇円
『内容案内』送呈

❶食事と作法 小川直之編

食事には作法と決まり事がある。人と人をつなぐ共食や贈答、神仏への供え物、調理の技法と担い手、食具の扱いなど、儀礼と日常の食の社会的な意味を読み解く。ファーストフードや「和食」の国際的な動向にも着目する。（第1回配本）

続刊書目

❷米と餅……………関沢まゆみ編
❸麦・雑穀と芋……………小川直之編
❹魚と肉……………藤井弘章編
❺酒と調味料、保存食……石垣 悟編
❻菓子と果物……………関沢まゆみ編

幕末以降 帝国軍艦写真と史実（新装版）

【11月発売】海軍有終会編
B5横判・四六四頁予定／六八〇〇円

日本の梵鐘（新装版）

【12月発売予定】坪井良平著
B5判・五六〇頁予定／予価一二五〇〇円

事典 古代の祭祀と年中行事

【12月発売予定】岡田荘司編
A5判・三八四頁予定／予価四〇〇〇円

※写真はいずれも本書より

郵 便 は が き

料金受取人払郵便

本郷局承認

2705

差出有効期間
2020年7月
31日まで

1 1 3-8 7 9 0

東京都文京区本郷7丁目2番8号

吉川弘文館 行

愛読者カード

本書をお買い上げいただきまして、まことにありがとうございました。このハガキを、小社へのご意見またはご注文にご利用下さい。

お買上**書名**

＊本書に関するご感想、ご批判をお聞かせ下さい。

＊出版を希望するテーマ・執筆者名をお聞かせ下さい。

お買上
書店名　　区市町　　書店

◆新刊情報はホームページで　http://www.yoshikawa-k.co.jp/

◆ご注文、ご意見については　E-mail:sales@yoshikawa-k.co.jp

ご氏名《ふりがな》		年齢　　歳　男・女
〒 □□□-□□□□	電話	
ご住所		
ご職業	所属学会等	
ご購読新聞名	ご購読雑誌名	

今後、吉川弘文館の「新刊案内」等をお送りいたします(年に数回を予定)。
ご承諾いただける方は右の□の中に✓をご記入ください。 □

注文書

月　　日

書　　名	定　価	部　数
	円	部
	円	部
	円	部
	円	部
	円	部

配本は、○印を付けた方法にして下さい。

イ. 下記書店へ配本して下さい。
（直接書店にお渡し下さい）

（書店・取次帖合印）

書店様へ＝書店帖合印を捺印下さい。

ロ. 直接送本して下さい。

代金（書籍代＋送料・手数料）は、お届けの際に現品と引換えにお支払下さい。送料・手数料は、書籍代計 1,500 円未満 530 円、1,500 円以上 230 円です（いずれも税込）。

＊お急ぎのご注文には電話、FAXもご利用ください。
電話 03－3813－9151（代）
FAX 03－3812－3544